说 把 字 句

张伯江 著

学林出版社

总　序

沈家煊

这一套丛书的缘起，是出于这样的考虑：长期以来，在语言学领域，我们不断学习和借鉴来自国外（主要是西方）的理论和方法，有成效，在某些方面成效还很显著，但是总的来说，还是觉得运用在汉语上不免捉襟见肘、圆凿方枘，至少勉强不自然。启功先生曾有一个比方，说小孩套圈游戏，小圈圈只能套小老鼠，印欧语"葛郎玛"（grammar）是小圈圈，套不了汉语这只大熊猫。这种感觉突出反映在一些有争议的热点问题上。有的曾经是热点，如词类问题、单句复句问题，冷寂了一段时间，但是问题并没有解决，还时时冒出来困扰着我们；有的是国外出了新的理论，用来处理汉语而形成新的争论点，比如句法成分的移位问题，音步和韵律的问题。之所以成为新的争论热点，显然也是因为新搬用的理论用起来不顺畅、不协调的地方很多。有的问题，例如主语和宾语的问题，曾经是热点，后来问题基本解决，取得共识，而新的问题又出来了，如主语和话题继而成为一个不断争论的问题。值得注意的是，主宾语的问题得以基本解决、取得共识，这是摆脱印欧语那种主宾语观念的结果。

国外的理论在不断的翻新，出来一个我们跟进一个，有时候人家已经翻新了，声明放弃原来的理论框架，我们还在吭哧吭哧按照人家那个老框架在思考和行事，有不知所措的感觉。许多人觉得这样下去总不是个事儿，想要改变现状。但也有不少人以重视和彰显语言的"共性"为理由，想维持现状，其实他们所说的"共性"是以人家提出的那一套理论为参照的，却忽略或者无视汉语的个性。共性寓于个性之中，没有语言的个性哪来语言的共性呢？近年来，国际语言学界逐渐形成一个认识，要弄清人类语言的本质，先要充分了解语言的多样性。我的同道朋友朱晓农君说，universals（共性）应该音义兼顾翻译成"有你我式"，你中有我我中有你，不是只有你没有我，对此我十分赞同。据我所知，国外很多学者也不希望我们只是跟着他们走，而是想听到基于本土语言事实提出的新见解，发出的新声音，使他们也能从中得到启发。

一百多年西学东渐，语言学领域学习和借鉴西方的努力一直没有停息，另一方面，摆脱印欧语传统观念的束缚的努力也一直没有停息。我们的前辈早已为我们指明了方向,要进一步摆脱印欧语传统观念的束缚。正如朱德熙先生生前所言,很大一部分的争论问题是由于受这种观念的影响,先入为主,以致看不清汉语语法的本来面目引起的,要是我们能摆脱这种干扰,用朴素的眼光看汉语,有许多争论本来是不会发生的。还说后之视今犹今之视昔,今天可能还在不知不觉中受传统观念的摆布,那就要等后人来纠正了。朱先生给我们留下的学术遗产中,有一个十分重要的观点,汉语的动词做主宾语的时候没有印欧语的那种"名词化",这是摆脱干扰的一次实践,为我们树立了一个榜样。吕叔湘先生跟朱德熙先生的想法一致,在晚年向我们发出语法研究要"大破特破"的号召,要把"词""动词""形容词""主语""宾语"等名称暂时抛弃,要敢于触动一些原先不敢动他一动的条条框框。

吕先生和朱先生虽然是针对语法研究而言,为我们指出的方向却是适用于整个汉语的研究。汉语的语法是"大语法",语言的组织运行之法,包括语音、语义和用法在内,过去按"小语法"来理解汉语的语法,这本身就是受印欧语传统观念的影响。

策划这套丛书的出发点就是响应"摆脱干扰、大破特破"的呼吁。近年来这方面的努力比较显著,有了一些新的进展,有必要做个小结,理清思路,明确方向,继续前进。这套丛书因此也可以叫"破立丛书",每一册就某个具体的热点问题,先对以往的研究加以梳理和评析,指出破除传统观念、摆脱干扰的必要性,然后摆出新的观点并加以论证,目的是让读者明了问题的来龙去脉、症结所在,活泼思想,减少执着。这个设想有幸得到学林出版社的支持,使得想法得以实现。虽说"破字当头,立在其中",但要真正立起来,不是件轻而易举的事情,还有艰苦的工作要做,目前书中摆出的新观点、新思想还大有充实完善的必要,甚至有修正取代的可能。

策划这套书还有一个出发点是写法,虽然讨论的是复杂的学术问题,但还是要写得浅显一点,通俗一点,尽量少用难懂的名称术语,篇幅简短一些,一个问题一个小册子,不让一般读者觉得深奥繁复,不得要领,望而生畏。当然要做到这一点实属不易,目前的面目还大有改进的余地。

我们希望这套丛书不仅对专门从事语言研究的人,不管是老将还是刚入门的新手,对广大的语言教师,包括外语和母语的教学,都有一定的启发和帮助,而且希望那些对语言问题感兴趣的朋友,那些在语言工程、信息处理、语言心理、语言哲学、社会语言学等领域的人士也能从中获得一些知识,得到一些启示。

2017 年 12 月 12 日

目 录

总序/沈家煊   1

引言   1

上篇   把字句的组成和句法结构问题

1 把字句的主语和宾语   6
   1.1 "把"字的宾语   6
   1.2 把字句的主语   13
   1.3 把字句动词后的宾语   14

2 成分之间的制约关系   18
   2.1 把字句的动词   18
   2.2 动词的状语和补语   20
   2.3 "动后限制"问题   24

3 把字句的句法变换   29
  3.1 把字句与受事主语句   29
  3.2 把字句与被字句   34
  3.3 把字句与双宾语句   42

4 把字句的生成方式   47
  4.1 "把"字宾语的角色   47
  4.2 "把"字是否指派角色   58
  4.3 把字句的生成方式   64

5 把字句是不是句法过程   73
  5.1 被动化和逆被动是什么性质的语法过程   74
  5.2 把字句与作格语言逆被动态的比较   78
  5.3 把字句处理成逆被动态的困难   82
  5.4 "被动主动"说   88
  5.5 把字句是不是句法过程   92

下篇　把字句的语义和语用问题

6 主语的意志性   96
  6.1 施事与致事   96
  6.2 意志与责任   100

7 宾语的有定性（上） 105
- 7.1 有定：专指？泛指？确指？ 105
- 7.2 从语义定义的定指和通指 113
- 7.3 从原型受事特征理解定指性 116

8 宾语的有定性（下） 124
- 8.1 历史发展趋势 125
- 8.2 现代汉语中的无定式把字句 133
- 8.3 无定式把字句的理论蕴涵 140

9 动作的结果性 143
- 9.1 致使的结果 143
- 9.2 完全影响 149
- 9.3 直接影响 154

10 句式的处置义 158
- 10.1 处置说溯源 158
- 10.2 客观处置与主观处置 163
- 10.3 把字句的主观情感 166
- 10.4 把字句的主观视角 172
- 10.5 把字句的主观认识 177
- 10.6 主观处置的解释力 185

10.7　主观处置义与处置标记兴替　　186

11　把字句的语用特点　　190
　　11.1　句法隐喻　　190
　　11.2　篇章特点　　197
　　11.3　语体特点　　201

结语　　211

参考文献　　216

引　言

　　"把"字句是现代汉语的常用句式,据观察,汉族儿童两岁多就开始说带"把"字的句子。"把"字句在汉语里有上千年的历史,句法多样,表意生动,成为现代汉语最引人注意的特殊句式,不仅是非母语者学习汉语的难点,也是研究者无法回避的重要课题。从我国最早的以现代汉语为描写对象的《新著国语文法》(黎锦熙,1924)开始,就已经注意这一句式了,成书于20世纪40年代的王力《中国语法理论》《中国现代语法》和吕叔湘《中国文法要略》已经对"把"字句的句式语义和结构特征做了非常深入的探讨。此后数十年间,汉语学界对"把"字句的关注始终热度不减,"把"字句的研究也全面折射了汉语语法研究方法论近百年间的发展走向,成为语言学理论方法的试金石。

　　"把"字句最引人注意的是它的词序特征。《现代汉语八百词》(吕叔湘主编,1980)这样概括现代汉语"把"字句的常用格式:

说把字句

主语	状语	"把"+宾语1	状语	动词	宾语2	宾语数	助词及其他
你 我们 我 你 你 老王	必须 已经	把介绍信 把革命 把这本书 把这本词典 把写好的稿子 把炉子	再 都	带 进行 看了 借[给] 给 生上了	我 我 火	三遍 三天	在身边 到底 了 吧

看抽象的句子成分，如果去掉"'把'+宾语1"那一块，剩下的"主语—状语—动词—宾语—助词"跟其他语言的句子格局很有可比性，可见"把+宾语"是汉语最有特色的一个成分。汉语使用者都能明确感觉到，这一块是说话时非常注重的部分。除了它的语序位置以外，"把"字显然在其中起了关键的作用。

黎锦熙（1924）指出，"把"字原本是个动词，是"用手把着"的意思，后来这个意义稍微虚化，从"手把"的意思变为"用"的意思，可以称作"方法介词"，如"西人把中国的原料制成货品，运销中国"，这句话等于说"用中国的原料制成货品"。这种用法进一步虚化，"用"的意义也更淡化甚至消失了，黎锦熙认为，就只是"提前宾语"的作用。为什么说是提前宾语呢？他指出，在"我把这本书读完了"这个句子里，"介词'把'所带的名词是'书'，外动词'读'所涉及宾语也就是这个'书'。这种句法，是国语所特有而

引　言

且最多的；也就是介词'把'字的特别作用"（36页）。简单地说，黎锦熙（1924）对把字句的论断就是两点：一是提前宾语，二是用得很多。

除此之外，黎锦熙注意到句式的什么特殊之处没有呢？有一点。因为他确信"把"字的作用是处理宾语，只有及物动词才有宾语，照理说把字句里就不该有不及物动词出现，可是他发现，"提前宾语的'把'，有时用得很奇怪"。举的例子是："［驴］把我跌了下来，跌的腰胯生疼。""把周先生羞的脸上红一块，白一块。"他说，这两例的"把"字仿佛是"使"的意义，但又不能看作动词"使"，也不能当作连词（213页）。黎锦熙看到了把字句里个别特例，但是对普通的把字句就只认为是提宾，没有做更多特性观察。

为什么要提前宾语？是不是所有宾语都能提前？提前宾语的句子跟原来有什么不同？进一步追问，"把"字带的名词是不是提前的宾语？是谁的宾语？这些问题成了此后数十年间语法学者们关注的焦点。

本书分上下两篇文字分别评述九十多年来现代汉语"把"字句研究的主要问题，上篇侧重于结构形式的讨论，下篇侧重于词汇语义和句式语义的讨论。全书行文中，谈到"把"字句，多数情况下"把"字就不加引号了。

上 篇

把字句的组成和句法结构问题

1 把字句的主语和宾语

1.1 "把"字的宾语

1.1.1 "把"字宾语的有定和无定形式

把字句的结构形式观察,黎锦熙(1924)只说到了是提前宾语,没有指出任何形式上的限制。迄今见到的文献里,最早谈到"把"字所带宾语的限制的是比利时人 Joseph Mullie(1932)。据吕叔湘(1948)转述,Mullie 在其著作 *The Structural Principles of the Chinese Language*(《汉语构造原理》)中谈到了"把"字宾语必须有定(the determinate accusative):

我把这一本书儿看完了。
我把桌子挪了。

对于汉语的有定和无定,相当长的时间里,人们是靠比附英语带定冠词的形式和带不定冠词形式来区分的。"'个'字是单位词,但是和别的单位词比较起来,它有些地方更近似某些语言里的无定冠词。"(吕叔湘,1945)"英语的 a 或 an 常与汉语的'一个'相当,于是名词前带'一个'之类的修饰语的一般便认为是无定的。"(王还,1985)不过,"一个"毕竟不是无定冠词。早在 1945 年,吕叔湘就发现"(一)个的应用范围比较一般的'无定冠词'为宽广"(同上),因此当他看到"把"字后头那个宾语有时带有"(一)个"时,很清醒地指出"可不一定表示后面的名词的无定性",例如:

> 我自倒运,把个女儿嫁与你这现世宝穷鬼。
> 那只手还把个二拇指头搁在嘴里叼着。

吕叔湘认为,这两个例子里"把"字的宾语显然是有定的,翻译成英语是不能用 a 的。但是在"一面将一个锦匣递过去""将一个宣窑磁盒揭开"这样的例子里,翻成英文是该用 a 的,但说汉语的人的语感上,这还算是有定的。

王还(1985)也讨论了一些形式上为无定的名词短语出现在"把"后宾语位置上的情况,她的新发现主要反映在这样的现象上:

> 小张把个孩子生在火车上了。
> 小林把一件毛背心织得又肥又长。

她指出这样的句子之所以成立是有条件的,那就是动词要带上后附成分,说明宾语受到什么样的处置,宾语是通过动作而确定下来的那一个,她称之为"确指"的。句子的重点不是从无到有,而是宾语通过动作成为一种什么状态——"生在火车上""织得又肥又长"。

"确指"是个新颖的提法,大致相当于 Dowty(1991)所说的"附庸性的宾语(existence not independent of event)"。但确指的名词性成分是不是必须依赖于无定形式,王还没有说。事实上,在对汉语的各种指称意义没有做过系统考察的时候,这样的问题不好回答。

陈平(1987)关于汉语四组指称概念及其形式表现的论述,在汉语语法学史上可以算是具有划时代意义的。他的结论三十年来虽然受到不少商榷性讨论和补正,但毋庸置疑的事实是,从那以后,凡是关于汉语指称问题的讨论,都以该文的说法为出发点。

这篇文章关于"不定指(nonidentifiable)"和"通指(generic)"的提法引起了陶红印和张伯江的注意,他们对近现代汉语把字句里无定形式做"把"字宾语的现象做了全面的观察。他们把形式上的有定性

(definiteness)和语义理解方面的可辨性(identifiability)区分开,前者在汉语里仅指用"(一)个"标记为无定名词的情况,在此基础上,可以细致观察所谓无定形式的名词短语在把字句里究竟表达什么意义(陶红印、张伯江,2000)。他们发现,以无定形式出现的把字句宾语,近代汉语以"把个+N"为常,现代汉语以"把一个+N"为常:

时　代	代表作品	把个 N	把一个 N
14 世纪	《水浒》	7	50
18 世纪	《儒林外史》	12	12
	《红楼梦》	25	10
19 世纪	《儿女英雄传》	108	19

作品	字　数	把一个 N	把个 N
《四世同堂》	20 万	56	5
《吕梁英雄传》	25 万	18	7
王朔小说四种	25 万	13	0
综合现代汉语语料	1 620 万	577	46

这两种形式的意义差异和演化我们将在后文详述。

1.1.2 "把"字宾语的复杂性问题

谈把字句结构制约时,谈"把"字以外的成分复杂性的比较多,谈宾语有没有复杂性制约的很少。张志公

说把字句

（1953，85—86页）最早谈到，宾语复杂，会形成把字句。他谈到把字句的使用条件，其中之一是"宾语比较复杂"，"得用'把'字把宾语提前"。他说有两种情况：一种是宾语本身比较长：

祥子（一边吃，）一边把<u>被兵拉去的</u>事说了一遍。

另一种是"有两个宾语而其中的一个或是每个都不止一个词，这时往往得把第二个宾语用'把'字提前"，如：

杨亮和胡立功把<u>这两天来所搜集到的</u>材料告诉他。

陆俭明（2017）也明确地说："表示'处置'义的把字句的产生，部分原因可能就跟处置对象的长度有关。""当要让处置者（施事）作话题，让处置方式与结果作为话语焦点，如果处置对象（受事）要在句中同现，也可以采用主谓谓语句式。例如：姐姐衣服洗干净了。但是，这种主谓谓语句式要受到多方面制约，其中之一就是'长度'。""而用'把'一类介词来引介，将处置对象打成包，'把'成为其标记，就不受长度限制了。"例如：

1 把字句的主语和宾语

姐姐把<u>全是油腻脏得不像话的衣服</u>都洗干净了。

→ *姐姐全是油腻脏得不像话的衣服都洗干净了。

弟弟把<u>那两个很漂亮的喝咖啡用的杯子</u>打破了。

→ *弟弟那两个很漂亮的喝咖啡用的杯子打破了。

饶长溶(1990,9页)说:"'把'字的宾语,大都是一个名词或一个比较简短的名词短语充当,有时为了描写得具体一些,也用比较长的或比较复杂的多层次短语来充当。"举的例子有:

请你们把<u>恒元那一伙人做的无理无法的坏事拣大的细细</u>说几件。

当亚女刚刚送水进门的时候,我把<u>下午别人偷偷塞在我的袋里的两块胡萝卜大的熟番薯</u>掏出来了。

从饶长溶的叙述看,他认为"简短"是主流,并不像张志公那样认为复杂宾语是形成把字句的动因之一。张伯江(1991)对动趋式把字句里"把"字宾语音节数多少的一项统计,结果与饶长溶的观察一致:1音节108例,2音节96例,3—5音节82例,6—10音节31例,11—15音节11例,16音节以上1例。确实是以简短者为优势,但是十几个音节的也不算太少。

陆俭明的"打包"说,耐人寻味,打包的作用是把繁杂的东西裹在一起,把松散的东西裹紧,于是从另一个角度看,打包也有挤压的作用。张伯江(2006)观察到以下事实:

> 我还能怎么着,只好赶紧溜吧!他倒还客气没把我衣服也卷走。(王朔《玩儿的就是心跳》)
>
> 马锐把父亲脏衣服泡在一盆水里,又给他找出件干净衬衣。(王朔《我是你爸爸》)
>
> 把我帽子都摔丢了!我找了羊,又找帽子。(汪曾祺《羊舍一夕》)

这几个例子似乎违反了汉语里"可让渡义的领属结构依赖'的'字"的通例,张文解释说:把字句这样的结构挤压因素,成为可让渡性领属结构可以不用"的"字的实现条件。

1.2 把字句的主语

把字句的句法成分，人们关注最多的是与动词相关的那些，其次也较多关注宾语，相对来说，关注主语的比较少。饶长溶（1990）专有一小节谈把字句的主语，话虽不多，问题的复杂性已经袒露无遗。

先看名词性主语，这是最司空见惯的。例如：

> <u>好心的街坊</u>把淑红拉回了自己的家。
> <u>山楂糕</u>把牙给吃软了。
> <u>这衣裳</u>把人洗怕了。

比较有意思的是他举出了三个"非名词性单位作主语"的例子：

> <u>吃螃蟹</u>把孩子吃吐了。
> <u>大家盼雨</u>都把眼盼红了。
> <u>有的屋顶漏得像个喷壶</u>，把东西全淋湿。

对这三句的论断，怕是难以取得共识。第一个句子有人会认为是个无主句，"吃螃蟹"只是状语；第二个句子有人会认为主语还是名词"大家","盼雨"是状语;第三个句子的主语应该是没有出现在这里的"雨","有的屋顶漏得像个喷壶"是个交代背景的小句,也可以看成是全句的状语。

张伯江(2000)和(2001)里也有一些"把"字前面是非名词性成分的例子,可不可以看成非名词性主语呢?例如:

<u>他们说你撞了车</u>,把我吓坏了,我还以为……
<u>我跟你下棋</u>把手都下臭了。
<u>堆起来,堆起来,堆成一座一座山</u>,把原来的一个空场子变得完全不认得了。
<u>父子的眼睛遇到一处</u>已经把心中的一切都倾洒出来,本来不须再说什么。

1.3 把字句动词后的宾语

说到把字句的宾语问题人们会首先想到"把"字后那个宾语,其实仔细观察就会发现,谓语部分里,动词后头也还经常带着一个宾语。分几种情况:

1.3.1 间接宾语

当一个动词联系着两个支配对象时,人们习惯于把事物名词叫直接宾语，管行为的受益者叫间接宾语。这种情况下，做"把"字宾语的往往是那个"直接宾语"，而"间接宾语"就留在了动词后边。王力（1944）、吕叔湘（1948）都注意到这个现象，以下是吕叔湘（1948）里的例子：

> 早有人把这话报知严贡生。
> 又把那小包袱仍交还他母女。
> 把我当初那份儿气居然真就倒给他啦。

也有相反的情况，受益者作"把"的宾语，相关事物留在动词后面：

> 人们把她叫"知心姐姐"。
> 他把伯父当神一样供着。

1.3.2 偏称宾语

吕叔湘（1948）这样解说把字句偏称宾语现象："这些句子里的宾语都分成两个部分，先是全称的名词，放在'把'字后头，后是偏称的数量，放在主要的动词后头。"例如：

说把字句

> 他把我个竹眼笼的球楼蹬折了<u>四五根</u>。
> 把衣服脱了<u>一件</u>。
> 我把一个南京城走了<u>大半个</u>。

詹开第（1983）认为如下口语现象也属于偏称宾语：

> 再闹，看不把腿打断了<u>你的</u>！
> 再撒谎，看不把嘴撕烂了<u>她的</u>！

这样看，恐怕仅仅因为似乎可以变换成"你的腿""她的嘴"，但"把腿打断了你的"和"把嘴撕烂了她的"是不是从领属结构变换而来，未必大家都认同，同时"的"的性质也未必只有一种解释，会有相当多的学者看作是句末语气词。

1.3.3 保留宾语

吕叔湘（1948）这样解说把字句保留宾语现象："这种宾语跟动词结合成一个熟语，已经可以当作一个复合的动词看。"例如：

> 跑去把大门<u>上了大闩</u>。
> 我是一个绑匪，我是把诸位<u>绑了票</u>了。
> 有比他强的呢，就把他<u>免了职</u>。

1 把字句的主语和宾语

你把火盆里多<u>添点炭</u>。

以上三类宾语类型，尤其是保留宾语的提出，对把字句"提宾说"是个很大的挑战，因为这些宾语在动词后的存在，"把"字的宾语大多难以"回到"动词后面去了（间接宾语和偏称宾语大多还可以回去）。很多句法学者，从 Thompson（1973）起直至 Huang *et al.*（2009）也都想过各种办法解释这些例子，用所谓"外宾语"（受影响者）和"内宾语"（句法上的受事宾语）给不同的名词以句法安置，后文再详述他们的做法。

2 成分之间的制约关系

2.1 把字句的动词

2.1.1 及物动词和不及物动词问题

如果说把字句的作用就是提宾,那么动词就必须是及物的。吕叔湘、朱德熙(1979)就这样说:"'把'字的作用是把宾语提前,所以底下的主要动词必须是及物的,并且是能管那个宾语的。"因此,"把若干从事内战的顽固派清醒过来"和"经过反复试验,终于把苹果树在南方也能生长了"这两个句子就因为用了不及物动词"清醒"和"生长"而成为有语病的句子。

这里的例子和说明确实是符合人们一般语感的,但如果据此说这是全体把字句的要求,就不全面了。因为早在1924年,黎锦熙就发现"提前宾语的'把',有时用得很奇怪",他举的例子"[驴]把我跌了下来,跌的腰胯生疼""把周先生羞的脸上红一块,白一块"就是不及物动词"跌""羞"的情况。王力(1944)也注

意到相当多的不及物动词现象,例如:

> 谁知接接连连许多事情就把你忘了。
> 小红听了,不觉把脸一红。
> 偏又把凤丫头病了。
> 怎么忽然把个晴雯姐姐也没了?

王先生说:"处置式有一种转化(derivation),可说是由处置式转成一种继事式(consecutive form)。继事式并不表示一种处置,只表示此事是受另一事影响而生的结果。它在形式上和处置式完全相同。"(120页)王先生关于"影响而生的结果"的说法与黎锦熙"'使'的意义"的说法一脉相承。但这种另立一个大类(继事式)的做法并没有被后人普遍接受,可能是因为有循环论证之嫌吧——先把句式意义定性为处置,处置则必须是及物动词;看到有不及物动词出现了,就说这不是属于处置式的。不论如何,至少不利于解释为什么都有同一个"把"字。

2.1.2 双及物动词

双及物动词指的是通常联系着主语、直接宾语和间接宾语三个论元的动词,或多或少带有"传递"意义,有时后边还带有"给"。之前1.3.1已经涉及这个现象,

这里再补充几个例子,

> 把相牛经、种鱼法教儿孙。
> 又把这等的机密大事告诉了你。
> 怎么公公乐的把个烟袋递给婆婆了?

2.2 动词的状语和补语

2.2.1 动词后的补语及其他

吕叔湘(1942)提出:把字句或是因为动词的后面紧接着一些成分,不容许宾语插在中间,或是动词前头有特殊性质的副词,它们非放在宾语之后不可。王力(1943)也注意到"处置式的目的语的后面不能只跟着一个简单的叙述词",必须附带"末品补语"等等。

吕叔湘(1948)对把字句动词后的成分分类最细,举例甚详。大致有这些情况:

处所成分做补语。大多用"在"一类介词,也有不用的。例如:

> 你把心暂且用在这几本书上。
> 把那包香的字纸扔在满地。
> 二则也要把这个累赘安插一个地方。

2 成分之间的制约关系

趋向补语"上、下、来、去、起、著"和动态补语"了、着"等。例如:

> 咱们索性回明了老太太,把二姐姐接回来。
> 把我的丫头霸占了去。
> 或是把这宴会取消了,也使得。

结果补语。不带"得"的,带"得"的以及不及物动词带补语等情况:

> 淡淡的梳妆,把三日来的风霜都洗净了。
> 还不快换双鞋去呢,把地毯都弄脏了。
> 把我看得忒小器又没人心了。
> 把话说得越坚决越好。
> 没把个妹妹急疯了。
> 倒把个公子臊了个满脸绯红。
> 好孩子,你把我的心都哭乱了。
> 不料屋里这一嚷把毛大可嚷急啦。

动量成分。可以看作补语,也可以看作宾语,吕叔湘(1948)是算作宾语的:

把我王家的缝子扫一扫，就够你们一辈子过的了。

把方才的话说了一遍。

那白脸儿狼说着，把骡子加上一鞭子。

2.2.2　动词前的状语等成分

动词后成分早期学者或多或少都注意到了，但是动词前的成分也有很大的作用，这是吕叔湘（1948）首先指出的现象。他提到的有"一"，"都、也"，"逐个、一并、一齐"，用"往"字引进的处所短语，比况意义的"做……""当……""……般"等。例如：

把那大巴掌一抢，拍得桌子上的碟儿碗儿山响。

把人家家里神仙排位一顿都砸了。

急得我把帽子也摘了，马褂子也脱了。

把细磁碗盏和银镶的杯盘逐件看了一遍。

把箱子一齐打开。

把宝玉的袄儿往自己身上拉。

不把钱做钱看，不把人做人看。

把你似粪土堆般看待，泥土般抛掷。

2.2.3　动词前的"给"

把字句里动词前经常伴有一个"给"字，例如：

2 成分之间的制约关系

他一人把四个美国兵全<u>给揍了</u>！

一会儿您的崇公道还得演呢,别把自己的活儿<u>给撂了</u>。

这下好了吧,自己拴个套儿,把自己<u>给装进去</u>。

对对对,吴老板,我只记住老板了,把姓儿<u>给忘了</u>。

不是我姐夫吃醋,把您<u>给骂出来了</u>吧?

金秀张口便问张全义跟人家说什么来着,是不是把人家<u>给气跑了</u>。

金秀偷眼看看药方子,心里一阵哆嗦,原来老爸爸居然把最主要的一味"北芪"<u>给写丢了</u>,还有一处写了个错字。

这个现象在口语里普遍存在,几乎所有类型的把字句都可以在核心动词的前边加上这个"给"字,相当自然。"给"的使用与否,看不出清楚的隐现规律,因此很长一段时间没有受到研究者特别的重视。近些年来,在语法化的观念驱动下,人们发现汉语的实词虚化都能在普通语言学虚化理论中找到依据,这个问题在语法化背景下得到审视。

这是因为,现代汉语里"给"的主要身份,一个是动词，表示给予，一个是介词，引介受惠者（benefactive）或者与事（dative）成分。这两种"给"都是要求带名词性宾语的，后者从前者虚化而来，句法和语义脉络也是清楚的。但是这种"给"字后面不带名词宾语，直接挨着动词的用法，却很难解释。对这个"给"字的语法意义，比较一致的看法是认为有"加强语势""加强动词的影响力""标记自然焦点"的作用。

2.3 "动后限制"问题

2.3.1 动词后宾语的句法竞争能力

吕叔湘（1948）是最明确提出把字句结构制约的一篇文献。实际上，早在出版于 1942 年的《中国文法要略（上卷）》里，他就指出现代汉语里的把字句"有时候非应用'把'字的说法不可"，为什么呢？他说："是因为（一）动词的后面紧接着一些成分，不容许止词插在中间，或（二）动词前面有特殊性质的限制词，非安放在止词之后不可。"显然，这两个条件里，第（一）代表着更广的事实。在吕叔湘（1944）一文里，他讨论了当动词后面先后出现了宾语、"得"字和"不"字、结动词（表示结果意义的了、着、成、上、下、来、去、起等）这三大类成分时，语序问题是什么

2 成分之间的制约关系

样的格局。他说:"由于得字之由动词前置成分转为后置成分,遂与宾语及结动词发生先后之争,一时颇有错综变化之观,迄近代始有一定之规则,即……V 得 O,V 不得 O;V 得 C,V 不 C;V 得 CO,V 不 CO。由此可知此三者与动词之吸力,以得为最强,次则结动词,而宾语最弱。然有二事不可不知者:一则宾语有以把字提前之式,此即另辟蹊径以接近动词;次则结动词中来、去自为一类,无论单用或与其他结动词合用,皆以位于宾语之后为常。"这是吕先生首次明确说出,是因为宾语在动词后与其他成分竞争位置,竞争不过,才"另辟蹊径"用了把字句的。

吕叔湘(1948)对近现代汉语里的把字句做了全面细致的描写,目的只有一个,就是要说明结构制约是根本。

他认为,前人或者从动词的处置意义来描述把字句,或者从宾语的有定性来观察把字句,都只能发现一些消极的限制。比如说,我们知道哪些意义的动词不宜于构成把字句,可是不知道哪些意义的动词是必须采取把字句的;我们知道无定的宾语不能用把字句,可是有定的宾语却不一定非得用把字句。只有"从全句的格局来观察",才能得到积极意义上的条件,他说:

"动词的处置意义,宾语的有定性,这些都是消极条件，只有这第三个条件——动词前后的成分——才具有积极的性质，才是近代汉语里发展这个把字句式的推动力。"

于是我们知道，吕叔湘费尽心力写一篇长长的把字用法的研究，其目的，是要找出把字句之所以产生、之所以存在的根本动因。

吕先生这项研究此后数十年间一直得到后继把字句研究者的认可。但是，他所开拓的从成分竞争和结构制约来描写语法格局的方法，并没有得到应有的光大。直至21世纪初，汉语的语序类型学研究取得了一定进展的时候，人们才重新认识到了吕先生当年关于宾语让位这一说法的理论价值。

2.3.2 当代语言学的"动后限制"说

张敏（2010）在更广的视野中观察到这样的一组现象：

> 若动词后带上了其他成分，那么宾语往往会被挤走，使得动词后仅含一个成分。方式多种多样，包括使用动词拷贝式（1—2）、将宾语话题化（3）、把宾语和另一个成分并合为一个成分（4）、用处置式使得宾语前置（5），等等：
>
> （1）a. *他看［书］得［很快］。

2 成分之间的制约关系

   b. 他看书看得 [很快]。
(2) a. *他看了 [书] [两个钟头]。
   b. 他看书看了 [两个钟头]。
(3) a. *他看了 [书] [两个钟头]。
   b. 书,他看了 [两个钟头]。
(4) a. *他看了 [书] [两个钟头]。
   b. 他看了 [两个钟头的书]。
(5) a. *他洗 [衣服] 得 [干干净净]。
   b. 他把衣服洗得 [干干净净]。

他把这一发现归结为一个规律:"汉语主要动词之后一般仅容一个短语成分,即存在所谓'动后限制(postverbal constraint)',其他 SVO 型语言未见有此限制。"

  当国际上的世界语言普遍调查形成了一定的规模,语言类型学的学说就日益成熟了;当汉语方言和周边其他民族语言的语法调查日益丰满,我们全面描写语法类型的区域特征并探究其形成原因就成为可能。张敏的"动后限制"归纳以及从语言类型和语言接触角度做出的解释,就是这样大背景下一个成功的例证。70 年前的中国和世界语言研究都还不具备这样的条件,但是前辈学者面对汉语系统中的新句式——把字句的迅速发展,以其独特的语法敏感和深厚的学术功力，准确描述了"动后限制"促成把字句的形成，这一事例的方法论价值，远远超出把字句研究本身。

3 把字句的句法变换

3.1 把字句与受事主语句

3.1.1 "任意变换"说

吕叔湘（1942）在讨论到"叙事句"的句法格局时说："具有三个成分的叙述句的正常次序是：起——动——止，这是无须再说什么的。但是这个次序不是普遍的，白话和文言里都有'变次'的情形。"他讨论了两种变次，一种是"止词倒在动词之前，但仍在起词之后"，如"他言也不答，头也不回""我可一点儿消息也不知道"；另一种是"把止词一直提到起词之前"，如"这件事我记得""家里的事情你不用管"。在讨论了这两种变次之后，他谈到："白话里有在止词前安上一个'把'字，借此把它提在动词之前的一种句法，即：起词——（把）止词——动词。这是现代汉语中应用极广的一种句法。"把字句从20世纪40年代起一直受到特别的关注，就很少有人把它跟"止词提前"（即受事主语句）相提并论了。

形成于20世纪60年代的《语法讲义》（朱德熙，1982）不持类似于"主次""变次"的看法，把每种句子格局都看成正常的汉语句式。他特别强调："其实跟把字句关系最密切的不是'主—动—宾'句式，而是受事主语句。仔细观察一下就会发现，绝大部分把字句去掉'把'字以后剩下的部分仍旧站得住，而这剩下的部分正是受事主语句。"例如：

> 把衣服都洗干净了 → 衣服都洗干净了
> 把嗓子喊哑了 → 嗓子喊哑了
> 把烟也戒了，把酒也戒了 → 烟也戒了，酒也戒了
> 把这笔钱还给学校 → 这笔钱还给学校
> 把自己的意见强加于别人 → 自己的意见强加于别人
> 把这些事情都置之度外 → 这些事情都置之度外

朱德熙对这里的含义并没有做出什么阐释。梅祖麟（1990）把朱德熙的观点做了进一步的阐发，他说："把字句可以看作在受事主语句前头任意地（optionally）加'把'字而形成的句式：

3 把字句的句法变换

把字句的形成方式：
'把'+受事主语句>把字句

这里有两层意思，一层就是上面说过的，把字句和受事主语句的关系密切。另一层是说'把'字可以加，也可以不加；受事主语句本身是个完整的句子，不加'把'字，仍旧是受事主语句；加'把'字就变成把字句。反过来，把字句也是完整的句子；不去掉'把'字，仍旧是把字句；去掉'把'字，就变成受事主语句。可以加'把'字也可以不加，可以去掉'把'字也可以不去掉，这就是上面说的任意性（optionality）。"

朱德熙的语法主张是"词组本位"，他的语法描写主要着力于两个基本成分组成的词组，把字句在他的语法体系里的准确叫法是"'把'字组成的连谓结构"（1982，185页）。因此，朱德熙不太会考虑这个连谓结构在实际使用中前面往往带有一个施事主语，他在谈受事主语句时关注的也是一主一谓的简单主谓结构，不太会考虑受事主语结构在实际使用中也常常会与另一个施事成分相伴。

3.1.2 变换受限的例子

陆俭明（2017）注意到，当受事主语句或把字句与

31

说把字句

句首的施事共现时,二者的自由变换就不存在了,例如:

a. 姐姐衣服洗干净了。
?姐姐很脏的衣服都洗干净了。
*姐姐全是油腻脏得不像话的衣服都洗干净了。
姐姐把很脏的衣服都洗干净了。
姐姐把全是油腻脏得不像话的衣服都洗干净了。

b. 弟弟杯子打破了。
?弟弟那新买的杯子打破了。
*弟弟那两个很漂亮的喝咖啡用的杯子打破了。
弟弟把那新买的杯子打破了。
弟弟把那两个很漂亮的喝咖啡用的杯子打破了。

这样看来,"把"字的出现与否就不是任意性的了。也就是说,有些应当使用把字句的场合是不能随便去掉"把"字让句子/结构以受事主语结构存在的。

以上是把字句不能变换成受事主语结构的情况,下面再看看"施—受—动"结构是不是都能任意变换成把字句呢?我们以吕叔湘(1942,34 页)里的几个"起—止—动"的句子为例来做做测试看:

你这个孩子,书不念,专门淘气!

3 把字句的句法变换

→ *你这个孩子,把书不念,专门淘气!

你别怪我,我可一点儿消息也不知道。

→ *你别怪我,我可把一点儿消息也不知道。

问了半日,他言也不答,头也不回,只顾低了头洗他的菜。

→ *他把言也不答,把头也不回,只顾低了头洗他的菜。

他什么都要管,可是一样也没管好。

→ *他什么都要管,可是把一样也没管好。

不难看出,这些变换不能成立的一个明显因素是句子的谓语部分都是否定形式的。这说明受事主语句自有一些特定的要求,从古至今,否定、疑问、任指等条件都是让受事居于动词前的强制性因素(吕叔湘 1942/1982,33—34 页)。"任意变换"的说法看来话说得太满了。

3.1.3 与受事主语句变换的其他问题

其实朱德熙本人就已经看到把字句去掉"把"字并不都是受事主语句,在朱德熙(1982,188 页)的附注中他清醒地指出,有一些把字句"去掉'把'字以后剩下来的是施事主语句":

把犯人跑了。→ 犯人跑了。

> 把老伴儿死了。→ 老伴儿死了。

沈阳（1997）发现，"把"字的宾语不限于施事和受事，那么去掉"把"字以后也不好说是受事主语句还是施事主语句：

> 把铅笔写秃了。→ 铅笔写秃了。（工具）
> 把屋子堆得满满的。→ 屋子堆得满满的。（处所）
> 把买卖跑成了。→ 买卖跑成了。（目的）

郭锐（2003）则发现，有一些把字句，"把"字的宾语属于语义上的受事，却不能去掉"把"字形成受事主语句：

> 把别人往坏处想。→ *别人往坏处想。
> 把老程咳嗽醒了。→ *老程咳嗽醒了。
> 把池塘加以清理。→ *池塘加以清理。

3.2 把字句与被字句

3.2.1 异同观

王力（1943）较早注意到了把字句和被字句的相关

性。他认为:"被动式和处置式的形式虽不同,而其所叙行为的性质却大致相同。譬如一件事,在主事者一方面看来是一种处置,在受事者一方面看来往往就是一种不如意或不企望的事。'他把你打了一顿',在'他'看来是一种处置,在'你'看来就是一种损害了。因此,多数被动式是可以改为处置式的。被动句若要转成主动句,也是变为处置式较为适宜。"例如:

奥国被德国灭了。→ 德国把奥国灭了。
何三被他们打死。→ 他们把何三打死。
他们被他哄上手。→ 他把他们哄上手。
老太太被风吹病了。→ 风把老太太吹病了。

王力先生这里的说法,偏重于强调二者共同的地方,不仅说多数被字句可以变换为把字句,还说其他形式的被动句变换为主动时,把字句也是首选,给人一种二者之间关系相当近密的印象。丁声树等(1961)则非常强调二者相异之处,说被字句和把字句"是两种完全不同类型的句子",不仅语义角色和语义方向是相对的,"从结构上看,'被'字句跟把字句有两点不同":

第一,"把"字必须带宾语,"被"字后头可以没有宾语,如"被杀""被打"等;

第二，把字句的动词前后通常带别的成分，被字句的动词前后可以不必带别的成分。"被"字倘使不带宾语，动词可以是一个字，也可以是两个字，例如"被打""被批评"。倘使后头有宾语，只要动词是双音的，就能站得住，例如："能普遍的被大众接受，欣赏，它还不就变成了大众文艺么？"只有动词是一个字的时候，前后才一定要带别的成分。

3.2.2 变换的限制

吕叔湘（1965）明确提出了"全面地考察一下被字句和把字句互相转换的范围和条件"的课题，但是在1965年发表的这一篇关于被字句、把字句动词带宾语的专题研究中，并不是正面针对这个课题的。吕先生谦虚地说："本文没有这种企图，只是在讨论这两种句式的动词带宾语的时候顺便观察一下。"事实上，这篇文章在有限的范围内对把字句与被字句转换条件的观察，其细致程度，是前所未有的。吕先生发现的事实有如下几种。

先看把字句转换成被字句的情况：

他一脚把那个坏蛋踢了一个跟头。→ 那个坏蛋被他一脚踢了一个跟头。

连长把他关了三天禁闭。→ 他被连长关了三天

3 把字句的句法变换

禁闭。

炸弹把教室楼炸坏了一个角。→教室楼被炸弹炸坏了一个角。

他随手把这本杂志翻了几页。→这本杂志被他随手翻了几页。

我已经把这段唱词录下音来。→这段唱词已经被他录下音来。

她把衣服包了个包,托人捎去。→衣服被她包了个包,托人捎去。

我已经把大门上了闩。→大门已经被我上了闩。

把这块地分成三小块。→这块地被分成三小块。

看得出,把字句变换成被字句,结构上没有什么限制,吕先生文中说,有的句子变换以后意思有些怪或者变了味道,或者需要变了人称才合适,这些都是被字句在语义上的一些限制造成的,总之不是结构原因。

而从被字句向把字句变换,固然也有比较简单的变换:

这些珍贵的艺术品被他随随便便送了人。→他把这些珍贵的艺术品随随便便送了人。

说把字句

但有些例子,需要用"的"字把被字句主宾语连起来,整体做"把"字的宾语:

> 两营伪军就这样被我们切断了后路。→ 我们把两营伪军的后路切断了。
> 尤老二被酒劲催开了胆量。→ 酒劲把尤老二的胆量催开了。

有一些被字句宾语里已经有了复指主语的代词,变成把字句时,要把被字句的主语代入代词的位置:

> 小飞蛾又被张木匠抓住她的头发。→ 张木匠把小飞蛾的头发抓住。
> 有多少优秀儿女被旧社会吞噬了他们的生命。→ 旧社会把多少优秀儿女的生命吞噬了。

有的则根本不能变换成把字句:

> 这些国家都先后被美国建立了军事基地。→ *美国先后把这些国家建立了军事基地。

饶长溶(1990,101—102页)归纳出把字句变换为

3 把字句的句法变换

被字句受限制的三种与结构形式有关的情况：

1. 把字句谓语是动词重叠式的：

我把他头上的土掸掸。→ *他头上的土被我掸掸。

小宋把剩下的汤面热了热。→ *剩下的汤面被小宋热了热。

2. 把字句谓语是形式动词的：

他把近年来的工作进行了总结。→ *近年来的工作被他进行了总结。

武艾英把这些干部姓名职务一一向客人作了介绍。→ *这些干部姓名职务被武艾英一一向客人作了介绍。

3. 把字句宾语名词与主语有隶属关系的：

他把腰弯得很低。→ *腰被他弯得很低。

两个人都把心用在编歌子上。→ *心被两个人都用在编歌子上。

郑定欧（1999，112页）又指出两种变换受限制的情况。一种是与时体成分有关的：

张三整宿都把电视机开着。→ *电视机被张三整宿都开着。

另一种是与结果补语有关的：

张三把今天的报纸给买重了。→ *今天的报纸被张三给买重了。

3.2.3 "把""被"共现

"把"字格式和"被"字格式是两个不同的造句格式，一般不共现，但是也有一同出现的时候。李临定（1980）指出，"把""被"共现的格式是：N_2被N_1把N_3V。从变换的角度看，有两种情况：

1. N_3（"把"后的名词）属于N_2（主语）。变换过程：

$N_1VN_2N_3 \rightarrow N_2N_3$被$N_1V \rightarrow N_2$被$N_1VN_3 \rightarrow N_2$被$N_1$把$N_3V$

他弄碎了那个蝴蝶的翅膀。

→ 那个蝴蝶的翅膀被他弄碎了。

→ 那个蝴蝶被他弄碎了翅膀。

→ 那个蝴蝶被他把翅膀弄碎了。

3 把字句的句法变换

2. N_2 和 N_3 指同一人，N_3 是代词，N_2 常承前省。变换过程：

$N_1VN_2+N_1VN_3 \rightarrow N_2$ 被 N_1V+N_1 把 $N_3V \rightarrow N_2$ 被 N_1 把 N_3V

群众包围住队长+群众包围住他（指代 N_2）

→ 队长被群众包围住+群众把他包围住

→ 队长被群众把他包围住

以下是两种"把""被"共现句的实例：

唐仲笙一直站在金懋廉旁边，给他背后的壁灯把自己矮小的影子映在大红的厚地毯上。（周而复）

而老陶却被文件摞起的一堵墙把他和群众隔开。（柳青）

我的眼前幻出一长串赤身露体的黑人……被人强把他们跟自己的家庭骨肉撕开，赶往不可知的命运里去。（杨朔）

偶尔可见个别的"把 N"在"被 N"前边的例子，语感上并不自然：

他从几句话中看出来四爷是内行，绝对不会把

说把字句

他的"献金"随便被别人赚了去。(老舍)

3.3 把字句与双宾语句

3.3.1 把、被句与三元句

把字句和被字句动词后面再带宾语的话,就形成了带有三个名词项的格式。吕叔湘(1965)在考察带动词宾语的被字句、把字句与非把非被的"中性句"现象时说:"从句法结构方面看,三种句子里都有三个事物跟动作有密切关系:一个施事,两个受事(广义)。把字句用'把'字把一个受事提开,动词前后可以分别安排施事和另一个受事。被字句用'被'字把施事提开,动词前后可以分别安排两个受事。中性句把施事安排在动词前,两个受事都得安排在动词后。"这样的话,是不是就形成了双宾语句了呢?也不尽然。看以下例子:

一种情况是,原来动词后的复指宾语,因为不再需要而消失:

你先把这杯酒喝了它再说。→你先喝了这杯酒再说。

你不赶快起来,我把窗户给你敲碎它。→我给你敲碎窗户。

另一种情况是,"把"字的宾语和动词的宾语用"的"字连起来:

他不服从命令,所以把他免了职。→ 免了他的职。

炸弹把教室楼炸坏了一个角。→ 炸了教室楼的一个角。

另外有一些只能用其他介词替换"把"字:

我已经把大门上了闩。→ 我已经给大门上了闩。

她先把谷大娘两个缸里挑满了水。→ 她先给谷大娘两个缸里挑满了水。

咱们就把菜刀贴上邮票寄还老乡,看行不行。→ 咱们就在菜刀上贴上邮票。

你就是跪着磕响头,把地碰个大窟窿,也是白搭。→ 在地上碰个大窟窿。

咱们一定要把这个工作搞出个名堂来。→ 在这个工作上搞出个名堂来。

3.3.2 从把字句到双宾语句

吕叔湘(1948)指出:但是只有某些动词能带双宾

语。于是有一部分句子让"的"字把两个受事连成一体：这里边有的本来有领属关系，有的没有领属关系也不会误解为有领属关系；可也有能作两种解释的，得依靠上下文决定，例如"（信）他们的谣言"和"（造）他们的谣言"。还有用"的"字也安排不下的，只能用"在""给"等把受事之一提开。其实"把"和"被"也都是起的同样的作用，不过"被"提开的是施事，"把"提开的是动作的主要对象（大多数情况是唯一的对象），因而显得特殊罢了。换句话说，中性句除双宾语的句式外，只能有两个名词或代词能直接跟动词发生关系。

如果用 A 代表施事，用 B 和 C 代表两个受事，双宾语的句式是：

A—动 B—C

B 和 C 的次序是一定的，B 一般指人，C 一般指物（如果 B 和 C 都是指人的，很容易把 C 改为指物，如果 B 和 C 都是指物的，很容易把 B 改为指人，反过来就很难）。把字句有两个格式：

A—把 B—动 C

例如：

他一脚把那个坏蛋踢了一个跟头。→ 他一脚踢

3 把字句的句法变换

了那个坏蛋一个跟头。

连长把他关了三天禁闭。→ 连长关了他三天禁闭。

我们把他叫小四儿。→ 我们叫他小四儿。

A—把 C—动 B

例如：

他把信递给我。→ 他递给我信。

这样吧，我把我的小白鸡赔你。→ 我赔你我的小白鸡。

他把我们动身的日子告诉了他们。→ 他告诉了他们我们动身的日子。

当句子由三个论元构成的时候，看上去，双宾语、把字句、被字句是三种不同的选择，不过，从结构上说，双宾语格式是最受限制的，把、被句相对自由些。很多采用把字句、被字句的三论元句，并不能转换成双宾语句。以下是实例：

他不服从命令，所以把他免了职。→ ＊免了他职｜＊免了职他

说把字句

他随手把这本杂志翻了几页。→ ＊翻了这本杂志几页｜＊翻了几页这本杂志

把底片显影之后……→ ＊显底片影｜＊显影底片

他刚把故事开了个头……→ ＊开了故事个头｜＊开了个头故事

她把衣服包了个包,托人捎去。→ ＊包了衣服个包｜＊包了个包衣服

她先把谷大娘两个缸里挑满了水。→ ＊挑满了谷大娘两个缸水｜＊挑满了水谷大娘两个缸

咱们一定要把这个工作搞出个名堂来。→ ＊搞出这个工作个名堂｜＊搞出个名堂这个工作

把这块地分成三小块。→ ＊分成这块地三小块｜＊分成三小块这块地

你先把这杯酒喝了它再说。→ ＊喝了这杯酒它｜＊喝了它这杯酒

4 把字句的生成方式

4.1 "把"字宾语的角色

4.1.1 把字句谓语中动作的方向

早期谈及把字句习惯说"提前宾语",结构主义引进以后,人们逐渐看清"主语/宾语"跟"施事/受事"并不总是对应的,而且"主语/宾语"位置上出现的语义角色远远不止施事和受事,便开始有了把字句的语义角色观察。

詹开第(1983)是较早从语义角色角度观察把字句的,用她的说法是"谓语中动作的方向"。她观察发现,把字句谓语中动作的方向,有的是向外的,有的是向内的,有的是不确定的。也就是说,在把字句中,"把"后的宾语有的是动词的受事,有的是动词的施事,有的是动词的系事,有的是动词的施事还是受事不能确定,也有的只是动词表示的动作发生的处所。

第一类,受事。

说把字句

受事的常见用例是:

咱们把东西卖巴卖巴,租个小房,再想办法,活人还能饿死?

还吩咐她把吴家送来的钱和东西原封退了,让小芹跟小二黑结婚。

他脚底下加了劲,可是没把孙老头落下。

船里装载的是新米,把船身压得很低。

他把会上讨论聚财的事一五一十告诉了金生,叫他们作个准备。

她说着就把一碟子切成片儿嫩黄喷香上面嵌着红枣的丝糕,送到我枕畔。

老太太白费了力气,没把主任怎样了。

老陈听完了他们的话,把膝盖一拍道……

"把"的宾语与动词关系比较复杂,有三种情形。

1. 把+名+V+动/形(补语)

第一小类:"把"的宾语是 V 的受事。补语又有两种:一种补语由形容词和一般动词充当;另一种补语由"住、着(zháo)、到、了(liǎo)、走、掉"等充当,表示动作已经达到目的,已经结束,不表示具体的结果。例如:

4 把字句的生成方式

这一串银铃似的笑声,把这屋里静寂的空气完全搅散了。

她是他的乳娘,自幼把他看大。

我们一个同志跑上几步,把那野猫逮住了。

找到天亮也得把她找着。

第二小类:从语义结构上看,V 所表示的动作与"把"后的宾语没有直接的关系,只是使宾语达到补语所表示的结果的手段或原因。谓语的语义重心不在 V 上而在补语上。"把"后的宾语只是 V 连同补语的受事。例如:

抹了一鼻子茶叶末色的鼻烟,他抡了几下竹节钢鞭,把场子打大一些。

人类的愚蠢,把舌头说掉了,他们也不了解。

别把眼睛哭红了,回头母亲看出,又惹她害怕伤心。

去年打几石粮食不够人家要,一家四口人过着年就没有吃的,吃树叶把爷爷的脸都吃肿了!

2. 把+名$_1$+V+名$_2$

这类中的 V 是联合式复合动词,这类动词的第二成

说把字句

分是类似后缀的"成、为、作"等。"把"后宾语受 V 中第一成分的支配，V 后的宾语受 V 中第二成分的支配。例如：

> 要不咱就把咱那三亩菜地也种成庄稼吧？
>
> 果然，周掌柜一来了还没有两天——要把三合祥改成蹦蹦戏的棚子……
>
> 你如果把我当做叔叔，就应当听我的话。
>
> 他不好也不坏，不把钱看成命，可是洋钱的响声使他舍不得胡花。

3. 把+名+V+数量短语

这类实际是把 V 的宾语分成两部分，"把"后的宾语是全称的名词，V 的宾语是偏称的数量，即吕叔湘（1948）所说的"偏称的宾语"。例如：

> 村里人的嘴要是都咬住一个地方，不过三天就能把长城咬塌了一大块。
>
> 接着就把她领导妇女们放脚、打柴、担水、采野菜、割白草等经验谈了许多。

詹开第认为，如下例子说明，口语里偏称宾语还可以是表领属的"你的""他的"等。这固然是一种解释法，但如果别的学者把句末的"的"看成语气词，就是另外的解释法了。例如：

再闹，看不把腿打断了你的！
再撒谎，看不把嘴撕烂了她的！

第二类，施事。主要可以分为三类：
1. V 是不及物动词，多表示不如意的情况。例如：

连这么着，刚教了几个月的书，还把太太死了呢。
怎么把特务跑了。
儿子做了这么大官，眼瞧着要当老太爷啦，会把个人疯啦！
咱们可不能随便把魂灵儿遛达出去！

2. V 为表状态的动词或形容词，后面带表示程度深的补语。V 连同补语有致使义。例如：

我编的，我还不怕，就把你怕成那样？
刚才你们忽然离开了我，找了半天找不见，真把我急得要死了……

贵客临门，真把老太太乐坏了。

你可把妹妹想死了。

3. V后带结果补语，"把"后的宾语既是V的施事，又是补语的施事。这类也多表示不如意的情况。例如：

自来水把我们喝病了还不算，那天我同袁小姐到玉泉山去画画，这一道的汽车……

一根冰棍倒把我吃渴了。

丢东西把我丢怕了。

第三类，系事。这里的系事指的是系属关系，动词代表的动作只跟某事物发生密切的关系，分不出施事和受事。这类格式一般用在后续句里，有承前的语气。"把"后宾语多为指物的，"把"含有"使"或"让"的意义。例如：

转转这个，转转那个，把红鱼要一点不差的朝着他。

傅家杰接过来，小心地绕过输氧的橡皮管，把

4 把字句的生成方式

壶嘴挨在那像两片枯叶似的唇边,一滴一滴的清水流进了这垂危病人的口中。

王宝斋有四十多岁,高身量,大眼睛,山东话亮响而缠绵,把"腿儿"等字带上嘟噜,"人儿"轻飘的化为"银儿",是个有声有色的山东人。

他把妈妈说的都加上一倍:爸有十来个铺子,十来所房子,钱是数不过来的。

我的历史,组织上会去了解,何必把火烧到你身上去?

说着把袖口对住王安福的袖口一捏……

第四类,"把"的宾语是 V 的施事还是受事不能确定。这类格式"把"的宾语大多是表示人体或动物的某一部分的名词,V 多为表示人体或动物某一具体动作的动词。例如:

焦副部长把头扭向他夫人这边,生气地说……

现在,他把眼瞪圆了,自己摸着算盘子儿,没用。

心头怅惘到不可说,只无意识地把身子乱转。

人说你是"小飞蛾",怎么一见了我就把你那翅膀耷拉下来了?

说把字句

> 小槐树身上带着刺儿,大槐树昂首挺立,把卷曲的树梢伸向天空。
>
> 把腿一盘,闭上眼打坐你道容易么?

赵元任(1968)里提到过一个看法,有些动词所表示的动作说不清一定是什么方向。他举了一个例子:"他掉泪了"(眼泪自己掉下还是被人掉下,说不清。黎锦熙称之为"半被性")。这第四类的把字句正是这种情况。比如"头"自己"扭向他夫人这边",还是被焦副部长"扭向他夫人这边"?"眼"自己"瞪圆了",还是被他"瞪圆了"?这些句子里的"把"都可以去掉,句子意义不发生大的变化,而整个儿句子的结构变成了"主—主—谓"。最后一例更特别一点,句首没有主语,那么"腿"是自己"盘"的还是被人"盘"的就更说不清楚了。

第五类,"把"的宾语是 V 动作发生的处所。

1. "把"的宾语表示 V 动作发生的处所。"把"字可以换成"在"字。例如:

> 家祥把一个红碗两个黑碗上贴了名字向大家声明道……
>
> 他说的"小"字辈,就是其余的本地人,因为

这地方人起乳名，常把前边加个"小"字，像小顺、小保……等。

恒元道："山野里，块子很不规矩，每一处只要把牌子上写个数目——比方'自此以下至崖根共几亩几分'，谁知道对不对？"

2. "把"的宾语有点像主语，"把"字不能换成"在"字。例如：

大兵，清道夫，女招待，都烧着烟卷，把屋里烧得像个佛堂。

来回六趟，把院子满都打到。走得圆，接得紧，身子在一处，而精神贯串到四面八方。

小常觉得庙里既然有村公所、公道团，平常的老百姓就不愿意进来，……因此也不愿意把地点弄到庙里来。

况且还有胰皂助纣为虐呢，辣蒿蒿的把鼻眼都像撒上了胡椒面……

"2"类中的"把"也含有"使"或"让"的意义，大多可以去掉。

马真（1985）对这些跟处所有关的把字句提出了进

一步的讨论。她认为，用"把"和用"在"有所不同，"把"字表示广义的处置，用了"把"字，更突出表示句中的行为、动作是有意识、有目的地进行的，用"在"则不包含这一层意思。同时她指出，用"在"更依赖方位词"上、里、中"等，而用"把"可以不依赖方位词，直接就是个普通名词，例如"把鼻眼都撒上胡椒面"不一定非得说成"把鼻眼里都撒上胡椒面"，换成"在"字句则必须有方位词："在鼻眼里都撒上胡椒面。"

在詹开第概括的五类以外，马真（1985）进一步指出还可以是工具类，例如：

> 正翁把手捂在耳朵上，学着小贩的吆喝……
> 他一不小心，把刀砍在了自己左手的大拇指上，一下子鲜血直流。
> 何必把火烧到你身上去？
> 他赶着问是谁，那里把一根绳子往他脖子上一套，他便叫起人来。

4.1.2 把字句里的特殊角色

徐烈炯（2000）考虑到把字句的句式处置义能否归结在名词身上的问题。他说："'N_1把N_2V'含有N_1处

4 把字句的生成方式

置 N_2 的意思。我们可以换成从名词角度看问题,研究对 N_2 的语义限制。N_2 表示某一种特定的题元角色。"他观察到,这个"特定的题元角色"不完全等同于通常所说的受事(affected, patient)和客体(theme),只是部分重叠,他给这一特殊角色赋予一个新的名称"置事"(disposed-of)。置事的核心语义就是处置,但是,"充任这一题元角色的名词性成分所表示的物体并不一定直接体现动作的效果,不一定产生物理上的变化,也不一定经历空间位置转移,有时仅仅是在心理上被处置"。

设置这个特殊角色有什么用呢?是不是专为把字句而设,没有其他应用场合呢?徐烈炯不认为这样。他发现,置事角色的名词,当用第三人称代词指代的时候,有一种特殊的表现。汉语代词以指人为主,通常是区分单数复数的,但是有一种情况下,单数的第三人称代词却可以回指复数意义的名词,例如:

这些东西,你给我扔了它。

他认为,这里的原因在于处置,也就是说,名词"这些东西"和它的回指形式"它"都是置事角色。由于处置意义的存在,单数形式回指复数名词成为可能。

事实是不是如此呢?

如果说处置是根本原因,那么就应该不分指人不指人一概如此,但是我们看到的事实是,徐文所讲的规律只在不指人(无生命)的情况下才可能实现,指人的,包括指动物的,其实都不行。例如:

> 这两个昏官,皇上一定会收拾他们/*他的。
> 这两只耗子,你给我灭了它们/*它。

可见,徐文的发现有其价值,处置也许是充分条件之一,却不是必要条件。

4.2 "把"字是否指派角色

黄正德等(2009)逐一考察了把字句的主语和"把"字的宾语,他们发现,把字句无论如何总有一个相对应的非把字句。这说明了什么呢?按照论旨理论来说,这证明这个主语和宾语都是普通句式固有的,没有一个是靠"把"字指派论旨的。如何论证"把"字并不指派论旨角色呢?这还得从"内宾语"和"外宾语"的论断说起。

4.2.1 "内宾语"和"外宾语"

这是 Thompson(1973)提出的一对概念。她从吕

4 把字句的生成方式

叔湘(1948)观察到的"保留宾语"说起,发现所谓"保留宾语"不能像一般人对把字句的论断那样有与之相对应的非"把"版本:

他跑去把大门上了大闩。→ *他跑去上了大闩大门。

类似的情况有如下六类:

1. "把"的宾语是整体;保留宾语是部分。
他把屋子加了屋顶。
他把橘子剥了皮。
2. 保留宾语是地点。
把桌子搬上楼去。
老师把学生赶出了学校。
3. "把"后名词是地点。
他把纸门踢了一个洞。
他把炉子生了火。
4. 动词和保留宾语构成一个语义单位。
我是把诸位绑了票了。
学校把他免职了。
5. 表部分。

把奶奶的烟袋拿一根来。

他把五个馒头吃了两个。

6. 无类别的。

他把这件事情写了一个报告。

你能不能把那本书减一点价?

问题就在于，这些句子里都有不止一个跟动词发生句法/语义联系的名词，说话人为什么选择其中的一个为"把"的宾语，而把另一个"保留"在动词后面呢？Thompson 认为，这跟句子的及物性有关。什么是及物性？简单地说，在英语中可以用短语 do something to X（"对 X 做了某事"）来表达，在汉语中可以用"你把 X 怎么了"来测试及物性。拿"他把纸门踢了一个洞"来测试就是：

他对纸门做了什么？他把纸门踢了一个洞。

他对纸洞做了什么？ *他把纸洞踢了门。

Thompson 据此认为，保留宾语结构可以用这个概念来解释，具有真正及物性关系的是动词与"外部"（outer）直接宾语的关系，另一个直接宾语从结构上说是"内部的"（inner）。图示如下：

4 把字句的生成方式

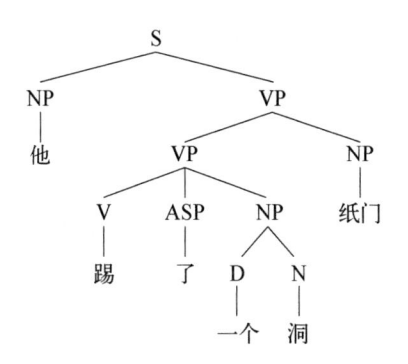

```
            S
          /   \
         NP    VP
         |    /  \
         他  VP   NP
            /|\   |
           V ASP NP  纸门
           |  |  /\
           踢 了 D  N
                |  |
               一个 洞
```

这个图示的问题是没有揭示出"纸门"和"洞"之间的关系，但 Thompson 认为，如上所述，外宾语跟内宾语之间的关系至少有六种，很难做一个统一的概括，重要的是，它揭示了复杂动词结构（踢了一个洞）与外宾语（纸门）之间的关系。

再如下面一个例子：

你把奶奶的烟袋拿一根来。

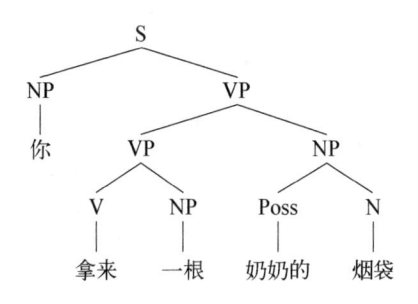

```
           S
          / \
         NP  VP
         |  /  \
         你 VP   NP
           / \  / \
          V  NP Poss N
          |  |  |   |
         拿来 一根 奶奶的 烟袋
```

61

"一根"与"(奶奶的)烟袋"之间并不存在直接的句法联系。

这种分析法最初的目的,是为了解决转换推导方法的困难,引入及物性视角,把"外宾语"看成是动词与其"内宾语"组成的复杂结构的直接宾语。Thompson 的结论是:"把"的转换操作得以统一,这一转换通常是将"外宾语"前置。

4.2.2 "被"字句的"内宾语"和"外宾语"

黄正德(1992)从 Thompson(1973)得到启发,对"张三被土匪打死了爸爸"这一类句子也做了"内宾语"和"外宾语"的分析,他主张:这样的句子也应该看成是一个复杂谓语和一个外宾语的关系,外宾语带有

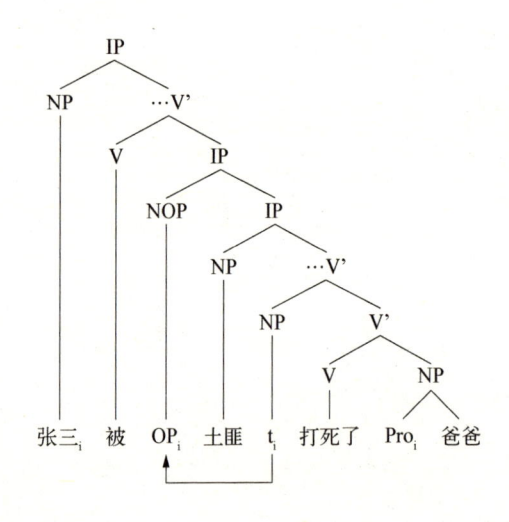

```
                IP
            /       \
          NP         ···V'
                    /    \
                   V      IP
                        /    \
                      NOP     IP
                            /    \
                           NP    ···V'
                          /    \
                        NP      V'
                              /    \
                             V      NP

        张三ᵢ   被   OPᵢ   土匪   tᵢ   打死了   Proᵢ   爸爸
```

4 把字句的生成方式

一个空的领有者。这个领有者并不是一个语迹（trace），而是一个由外宾语控制的代语（Pro）。外宾语自身移位到"被"字的宾语位置：

他们认为：在这个结构中，动词"打死"直接以NP"爸爸"做宾语，二者形成一个复杂的谓语V'，V'带上另一个宾语，即外宾语。外宾语控制领有者代语，然后做空算子移位，移到IP。外宾语跟"张三"同指。

4.2.3 "把"字为什么不指派角色

以上关于"张三被土匪打死了爸爸"的分析得出一个重要的结论：内宾语从动词"打死"那里获得受事/客体角色，外宾语从V'"打死了Pro爸爸"那里获得受影响者角色。（Huang et al. 2009，4.3.2）

被字句主语的受影响性，有时可以体现在关系很远的角色上：

李四又被王五击出了一支全垒打。
我被他这么一坐，就什么都看不见了。

但这种关系很远的"外宾语"是不能实现为"把"字宾语的：

﹡王五又把李四击出了一支全垒打。

*他把我这么一坐，就什么都看不见了。

这个对比可以说明，"被"字可以给自己的主语指派受影响者角色，而"把"字并不能给自己的宾语指派受影响角色。Huang *et al.*（2009）说："把"后NP总是外宾语，由跟在其后的复杂VP指派受影响角色。(5.3)

Huang *et al.*（2009）的观点是："把"并不给其后的NP或者把字句的主语指派论旨角色，它唯一的作用是给其后的NP赋格。

4.3 把字句的生成方式

4.3.1 句法变换角度的描写

汉语学者早就关注把字句的构成过程，也很快就发现了"宾语提前"说概括不了全部事实，于是相当长的一个时期里，把字句的构成过程问题很少提起了。朱德熙（1982）谨慎地触及这一问题，只是说"跟把字句关系最密切的不是'主—动—宾'句式，而是受事主语句。"但没有明说这是不是他的把字句生成观。梅祖麟（1990）则明确把朱先生的观点说成"把字句可以看作在受事主语句前头任意地加'把'字而形成的句式：把

4 把字句的生成方式

字句的形成方式:'把'+受事主语句>把字句。"沈阳(1997)把这种观点叫作把字句生成的"主语说",同时把传统的"提宾"看法称为"宾语说",他针对这两种观点做了讨论。

针对"主语说",他指出有如下困难:

一是很多主谓结构的主语前边并不能加"把"。比较:

> 夫妻拆散了。→把夫妻拆散了。
> 那幅画挂在墙上了。→把那幅画挂在墙上了。
> 她们离婚了。→*把她们离婚了。
> 那孩子考上大学了。→*把那孩子考上大学了。

其二,也并非只有受事主语才能充当"把"的宾语,如:

> 把铅笔写秃了(工具)
> 把屋子堆得满满的(处所)
> 把买卖跑成了(目的)
> 把老伴死了(施事)
> 把伙计们都累跑了(施事)
> 把孩子饿得直哭(施事)

说把字句

针对"宾语说",他指出的困难有:

其一,不是所有"把"字宾语都可以处理成宾语,有的"把"字宾语根本没有原始宾语位置,如:

> 把孩子病了。
> 把妈妈急哭了。
> 把弟弟乐得跳了起来。

有的不能移回的"把"字宾语没有现实宾语位置:

> 把钱存在银行里。
> 把皮肤晒得黢黑。
> 把字写得歪歪扭扭的。

与动词无支配关系的"把"字宾语根本就不存在宾语位置:

> 把他愁得整天唉声叹气
> 把眼睛笑得眯成了一条缝
> (抽烟)把牙抽得黄黄的

其二,即使可看作宾语的"把"字宾语内部类型也

4 把字句的生成方式

很不一致,仅以"动结式把字句"为例就可看出这里面有大量的"例外":

> 把孩子咳嗽醒了(＊咳嗽孩子)
> 把脚都走大了(＊走脚)
> 把眼泪都笑出来了(＊笑眼泪)
> ＊把锅办砸了(办砸了锅)
> ＊把调唱走了(唱走了调)
> ＊把眼看傻了(看傻了眼)
> 把酒喝醉了(喝酒/喝醉了酒)
> ＊把这种报告听腻了(听报告/听腻了这种报告)

沈阳(1997)提出,"把"后名词的多重移位形式是该成分的重要句法特点。

针对上述"主语说"有困难的现象,他提出如下"多重移位"生成法:

> 几个犯人跑了→(牢房)跑了几个犯人→把几个犯人跑了
> (他)老伴死了→(他)死了老伴→(他)把老伴死了

说把字句

好多人都病倒了→（连队里）病倒了好多人→把好多人都病倒了

老祖宗累坏了→（昨天）累坏了老祖宗了→把老祖宗累坏了

我愁得大病了一场→愁得我大病了一场→把我愁得大病了一场

王妈妈（想儿子）想得吃不下饭、睡不着觉→（想儿子）想得王妈妈吃不下饭、睡不着觉→（想儿子）把王妈妈想得吃不下饭、睡不着觉

针对上述"宾语说"有困难的现象，他提出如下"多重移位"生成法：

（保姆）咳嗽醒了孩子→（保姆）把孩子咳嗽醒了（某人咳嗽+孩子醒）

（你）已经踢破了好几双鞋子了→（你）已经把好几双鞋子踢破了（某人踢球+鞋子破）

（我）终于打通电话了→（我）终于把电话打通了（某人打电话+电话通）

揭开了帷幕→把帷幕揭开了（揭帷幕+帷幕开）

抓回来一个逃犯→把那个逃犯抓回来了（抓逃犯+逃犯回来）

4 把字句的生成方式

叼(在)嘴上一支烟→把烟叼在嘴上(叼烟+烟在嘴上)

挂(在)墙上一幅画→把画挂在墙上(挂画+画在墙上)

还(给)老王一笔钱→把钱还给老王(还钱+钱给老王)

4.3.2 句法生成角度的描写

生成句法理论自从引入汉语研究之初,就开始关注把字句的生成方式问题,因为英语等为人们熟悉的语言里没有这样的句法结构,学者们就不得不想办法让把字句从已有格式中经过转换"生成"出来。生成的办法,也不外乎"主语说"和"宾语说"两个思路。

跟"主语说"思路相近的是余霭芹(Hashimoto,1971),她认为,如果把"把"字结构看成简单的提宾过程,会遇到很多困难。她说:"如果把'把'字结构看成一种简单结构,就必须在词典中对动词标记上是否可以带'把'的句法特征。"我们看到的事实是,能进入"把"字结构的,不仅有动作性的及物动词,还有一些复合动词,尤其是由不及物动词构成的复合动词(哭红、累倒),"这样一来,就碰到了这些不及物动词是否应该标上可以同'把'连用的特征的问题"。

余霭芹认为，可以把"把"字结构看成一个嵌套结构，"把"字她处理为主句动词，带有一个宾语 NP 和一个补语句。多数情况下，主句的宾语 NP 跟内嵌句的宾语是相同的。这样，由不及物动词构成的，可能出现在"把"字结构中的结果动词问题也就解决了，因为，"作为一个整体的结果结构便包含着一个同'把'的宾语相同的宾语，因而也就可以做'把'的宾语的补语句。""张三把饭吃了"中"把"是动词，"张三吃了饭"是它的补语句；"他把橘子剥了皮"则"橘子剥了皮"是"把"的补语句。

目前大多数学者仍然倾向于"宾语说"。但已经不是"提宾"那个意义上的"宾语"了，而是源自"外宾语"发展出来的概念。如 Huang *et al.*（2009）的基本看法是：

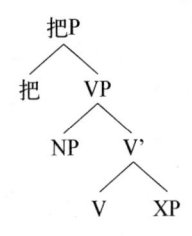

```
       把P
      /  \
    把    VP
         /  \
        NP   V'
            /  \
           V    XP
```

他们认为，大多数情况下，"把"与其后 NP 并不构成一个成分。相反，"把"后 NP 与后面的 VP 构成一

4 把字句的生成方式

个成分。"把"后 NP 是"受影响的"外宾语，由动词及其补足语构成的复杂谓语指派一个论旨角色。

至此，就可以进一步解释一下 4.2.3 所说的"'把'并不给其后的 NP 或者把字句的主语指派论旨角色，它唯一的作用是给其后的 NP 赋格"论断的来由了。李艳惠（1990）认为汉语从本质上说是核心词在后（head-final）的语言，句子基本成分的顺序应该是"主—宾—动"（SOV），也就是说，宾语在初始的 D-结构里处于动词之前。按照管辖与约束理论的说法，每个名词短语都必须具有适当的格（case）和题元角色（thematic role），宾语的格和题元角色都来自动词。李艳惠着眼于动词在分配格和题元角色时的方向性，认为汉语动词向左边的名词短语分配题元角色，而向右边分配格。充当宾语的名词短语在其 D-结构位置只能得到受事（patient）这一题元角色，但所需的受格（accusative case）却无法在动词左边的位置上得到，为了取得必不可少的格，名词短语可以移到动词的右面去，形成 S-结构的"主—动—宾"语序。如果名词短语没有移到动词的右边去，补救的办法是在名词短语的前边加上个介词"把"，由"把"来分配格。

生成语法对汉语把字句有很多讨论，这里只能介绍很粗浅的一部分。从他们的种种争议和所做的种种努力来看，学者们越来越多地看到，把字句结构和语义表达中的特殊性，远远不是可以用"提宾"的简单方案说清楚的。如果把字句仅仅是一个提宾的句法过程，那倒是形式句法最有用武之地的地方了。越来越多的事实表明，把字句的作用不仅不是任何简单的句法过程，就连"把"后宾语、保留宾语、把字句的主语这些成分的性质，都不是简单对应于汉语里的简单句的。上面介绍的种种生成方案，归总起来看，无非是为了让汉语句法的形式系统能够更好地反映把字句的特殊表意功能。种种努力固然可贵，但也难免顾此失彼，其中的原因恐怕就在于，汉语把字句并不是纯粹的句法现象。本书的下编，我们就着重从语义和语用表达方面对把字句做出尽量细致的观察。

5　把字句是不是句法过程

　　语法理论里有"句法过程（syntactic processes）"一说，指的是，各种语言在普遍拥有基本语法关系的同时，也大多存在一些改变语法关系的句法手段，往往是关乎主语、宾语等主要句法角色的，经过句法提升（promotion）和句法降级（demotion）过程，改变原本的动词及其论元的关系。语法论著中经常讨论到的句法过程，主要有被动化（passivization）、逆被动化（antipassivization）等几种。这些句法过程往往是带有跨语言共性的，如汉语的"被"字句常常被拿来跟西方语言的被动式相比较。把字句是汉语特有句式，很少有对汉语把字句进行跨语言考察的。近年来，先后有学者把汉语把字句带入跨语言视角，有跟被动态相联系的，也有跟逆被动态相联系的，都力图证明把字句是一种具有跨语言共性的句法过程，属于语态（voice）现象。

说把字句

5.1　被动化和逆被动是什么性质的语法过程

我们先从最熟悉的"被动态"说起。看下面的英语例子:

> Kim took the old woman to the shops.
> → The old woman was taken to the shops.
> We stole two Ming vases yesterday.
> → Two Ming vases were stolen (by us) yesterday.
> Three cups of tea have revived the nurse.
> → The nurse has been revived (by three cups of tea).

每组例子里原句称为"主动语态(active)",变换式称为"被动语态(passive)"。主动语态的句子里都有一个及物动词——一个既有主语又有直接宾语的动词。相反,被动语态的句子里都变成了不及物的:只有一个主语,没有宾语。主动态里原来的主语到了被动态里不再是主语,而是出现在一个以 by 为核心的介词短语里,所以说它"降级"了;主动态里原来的宾语在被动态里"提升"为句子的主语。汉语里主动句"武松打死了老

5 把字句是不是句法过程

虎"变成被动句"老虎被武松打死了",也发生"武松"降级、"老虎"提升的现象。被降级的成分,甚至可以省去不说。

为什么说被动句里被提升的成分是主语呢?这是因为,在各种语言里,实现这一句法过程的 NP,不仅占据了句子主语的位置,也表现出了主语的句法特点。比如英语第一组句子里,the old woman 是单数的,被动句里助动词就用 was;第二组句子里 two Ming vases 是复数的,被动句里助动词就用 were,显示出主语和核心动词的一致关系。另外,从人称代词的主格、宾格变化也可以清楚看出来。

这只是我们熟悉的"主—受格"语言的情况。"主—受格"语言及物动词带有一主(A)一宾(O)两个论元,不及物句那个唯一论元(S),是当作主语看的。如果把不及物句的唯一论元处理成宾语,就是"作—通格"语言。"主—受格"语言里最主要的句法过程是被动化,"作—通格"语言里最主要的句法过程是逆被动化。

逆被动化就是将非受事成分焦点化的一种语法操作。例如:

[nguma$_i$ yabu-nggu bura-n] [Ø$_i$ banaga-n^{y}u]
father:ABS$_O$ mother-ERG$_A$ see-PAST [ ]$_S$ return-PAST

'Mother(A) saw father(O) and [he] (S) returned.'
→ [yabu$_i$ bural-**nga**- n^{y}u   nguma-gu]
mother：ABS$_S$ see-ANTIPASSIVE-PAST father-DATIVE
[Ø$_i$ banaga-n^{y}u]
[   ]$_S$ return-PAST
'Mother(S) saw father and (S) returned.'

普遍的语法调查表明，在主/受格语言里，宾格比主格更常见带有特殊的句法标记；在作/通格语言里，作格比通格更常见带有特殊的句法标记。这说明，主/受格语言里主格更基本、更重要，作/通格语言里通格更基本、更重要。明确地说是：

主/受格语言：S+A = Subject NPs，主语与谓语的关系是主要语法关系

作/通格语言：S+O = Absolutive NPs，通格语与谓语的关系是主要语法关系

有了这样的系统性认识之后，再回过头来看"作格性的 A→通格性的 S"的问题，就可以明白，这其实是一种句法提升，而不是句法降级了。系统地看，主/受格语言的被动态和作/通格语言的逆被动态这两个句法过程有很强的平行性：

5 把字句是不是句法过程

主/受格语言：

主格 A→旁格（或删除）：句法降级，减少了一个主要语法关系

受格→主语 S：句法提升，新创了一个主要语法关系

作/通格语言：

通格 O→旁格（或删除）：句法降级，减少了一个主要语法关系

作格→通格 S：句法提升，新创了一个主要语法关系

我们对这两种类型做了个简单清楚的对比，并不意味着世界上的语言都可以简单归入这两种类型。事实上，纯粹的受格语言和纯粹的作格语言都不是很多，绝大多数语言都或多或少是混合型的。重要的是，混合的方式及其动因，正是基于上述话语原因。如澳大利亚的 Dyirbal 语就是一种混合型的语言，但仔细观察就会发现，两种类型不是无规律混合的，明显的倾向性是：主语话题性强的（如人称代词）选用受格格局，新信息特征突出时选用作格格局。这恰恰证明了两种类型话语基础的普遍性。汉语总体上呈现受格语言的特征，有没有一定程度的作格性？即使有，是不

是明显地体现了作格格局的话语动因？而把字句的使用场合是不是恰恰对应于体现这种话语功能的场合？

5.2 把字句与作格语言逆被动态的比较

叶狂、潘海华（2012）提出了句法语义方面的八个平行性表现，试图论证把字句与作格语言逆被动句是同一种句法操作，即把动词的直接宾语变成间接宾语，属于语态现象，这样，把字句就"可以归入语言共性的行列"。他们提出的四点句法平行性是：

其一，逆被动是作用于及物句宾语论元的一种句法操作，汉语把字句也是。差异在于汉语的降级宾语用"把"引导，而且前移，而作格语言用旁格（oblique）标记，没有移位。

其二，可以作用于双宾语或双及物句。比如有的语言在逆被动化结构中，直接宾语带次要格/旁格，甚或形成双次要格。这与汉语有"给"字句的双及物句变换为把字句类似：

我送一份礼物给了张三。→ 我把一份礼物送给了张三。

5 把字句是不是句法过程

其三，可以作用于不及物动词。这与不及物动词把字句的情形很相似，虽然涉及的具体动词不同，如：

把个凤姐病了　　把个父亲死了　　把个犯人跑了

其四，有小句内的强制性要求。作格语言小句并列时，相同成分只能是通格；如是作格，则要进行强制性的逆被动化，形成前景化逆动句。汉语也有类似的情况，当宾语为代词且动词后有介词短语时必须用把字句，例如：

把它放在桌子上　　　*放它在桌子上
把书放在桌子上　　　?放书在桌子上

另外，作格语言句法中枢是通格论元，所以，作格句的作格论元在分裂（cleft）、提问以及关系化时，都必须逆被动化为通格。汉语有点类似的是，在对主动句的动词提问时，必须用把字句，否则无法进行提问：

*张三怎么样了李四？
张三把李四怎么样了？

他们提出的四点语义平行性是：

其一，突出动词动作义。逆被动句降级了底层宾语论元，同时凸显了底层主语论元——主语指称对象作某一动作，且聚焦于动作本身。他们引述王力的观点："'把'字所介绍者乃是一种'做'的行为，是一种实施、执行（execution），是一种处置。""处置式……由于宾语的提前，显示这是一种处置，一种达到目的的行为，语言就更有力量，即动作性更强。"

其二，描述重复事件，表示重复意义。这种语义功能正好与把字句的一种复杂化形式相对应。例如，当动词后的补语是音节较少的数量结构时，把字句可以变换为主动宾句，但若音节很多时，就不能，例如：

> 他把书读了三遍。→ 他读了三遍书。
> 他把书读了一遍又一遍。→ *他读了一遍又一遍书。
> *他刷了又刷衣服。→ ?他来回地刷衣服。
> 他把衣服刷了又刷。→ 他把衣服来回地刷。

其三，表达持续义。汉语也有类似情况，比如用"V 着"的把字句，在表示动作持续意义方面比主动句更明显，"把碗端着"表示动作的持续，而"端着碗"

表示状态的持续。在连动式中，主动式带"着"，以表示伴随状态或背景信息为主，而把字句带"着"却可以表示前景信息：

> 他把头<u>侧着</u>去看觉民……（巴金《家》）
> → 他侧着头去看觉民……

其四，逆被动化后的旁格宾语话题性低。逆被动句是对宾语的一种去话题化操作（detopicalisation），逆被动化后的旁格宾语没有主语的话题性强。把字句的情形与此类似，把后 NP 的话题延续性远没有主语强。把字句后续句以主语为延续话题的占多数，以把后 NP 为话题的占少数。他们对老舍《骆驼祥子》做了个小范围的统计，后续句以把字句主语为话题的有 16 例，以把后 NP 为话题的只有三例，其中一例是零形回指形式，两例是以框棂形式的话题延续：

> 他把脸仿佛算在四肢之内，Ø 只要硬棒就好。
> 拉去吧，你就是把**车**拉碎了，要是**钢条**软了一根，你拿回来……
> 晚饭的号声把**出营的兵丁**唤回，有几个扛着枪的牵来几匹骆驼。

根据以上八个方面相似性的比较，叶狂、潘海华认为，这八个相似点能够说明把字句与逆被动句具有平行性，是同一种句法操作，或者说，把字句就是逆动句，属于语态现象。

5.3 把字句处理成逆被动态的困难

叶狂和潘海华把汉语把字句看成逆被动态，主要面临两个方面的困难：一是"把"字并不能说是全然针对宾语的句法操作；二是，汉语并非作格语言，没有使用逆被动态的语用动因和句法动因。

5.3.1 汉语的把字句是不是针对宾语的句法操作

叶、潘讨论的出发点是，认为把字句是"作用于及物句论元结构的宾语"的一种句法操作。什么是及物句论元结构的宾语？他们说"汉语没有格标记，只能从语序和位置上观察"，这个说法，与国内通行的以朱德熙（1982）为代表的语法体系宾语定义是一致的。在这样的语法体系里，"把"字的作用能否看成是针对宾语的句法操作呢？我们注意到，朱德熙（1982）曾明确地说："过去有的语法著作认为'把'字的作用在于把动词后头的宾语提前……这种说法是有困难的，因为大量的把字句是不能还原成'主—动—宾'句式的"。他举

5 把字句是不是句法过程

出的例子有：

> 把换洗衣服包了个包袱　　把大门贴上封条
> 把壁炉生上火　　　　　　把画挂在墙上
> 把铁块儿变成金子　　　　把话说得婉转些
> 把所有的东西都搬到新　　把一个南京城走了
> 　房子里去　　　　　　　　大半个

事实上，如本书前面所述，汉语把字句的研究，从吕叔湘（1948）起，就对"提宾"的说法表示了质疑，提出很多"把"字宾语难以还原为其后动词的宾语的例子，如："把细磁碗盏和银镶的杯盘逐件看了一遍。"吕叔湘（1965）进一步提出了多种不可"改成中性句"的把字句例子：

> 炸弹把教室楼炸坏了一个角。
> 我已经把大门上了闩。
> 他随手把这本杂志翻了几页。
> 咱们一定要把这个工作搞出个名堂来。
> 我已经把这段唱词录下音来。
> 把这块地分成三小块。
> 请你今天就把这个报告起个草。

不能把节约叫做小气。

这些例子共同的特点在于，句子里动词的后面都有一个宾语，如果把"把"字的宾语"还原"到动词之后，没有合理的句法位置。

句法理论上，自从 Thompson（1973）起直至 Huang et al.（2009）都曾想过各种办法解释这些例子，用所谓"外宾语"（受影响者）和"内宾语"（句法上的受事宾语）给不同的名词以句法安置，这些面对现成把字句的格局做出的解释，仍然无法证明"操作宾语"的句法过程。梅广（1978）说："'把'的后置成分有多个来源，并非都是它后头的动词的宾语，或与后头动词有直接的语法关系。"

以上事实数十年来得到汉语语法学界的共同认可，无须赘言。我们重新引述在这里，主要还是想强调，说把字句是针对宾语的句法操作，会遇到巨大的困难。除了以上事实外，我们进一步看到，有些例子里，与其说"把"字的句法变化是针对宾语的操作，毋宁说是针对主语：

把你懒的横针不拈，竖线不动。（《红楼梦》）
就把你怕成那样？（引自詹开第 1983）
真把老太太乐坏了。（引自詹开第 1983）

5 把字句是不是句法过程

有的是针对领有者：

> 他不服从命令，所以把他免了职。
> 我把论文拟好了提纲。
> 我把牛仔裤剪去裤脚。

有的句法学派处理上述部分事实的时候采用"小句（small clause）分析"的办法，如"炸弹把教室楼炸坏了一个角"这个例子，可以先把"教室楼坏一个角"分析为结果小句，然后让其中的小句主语提升为主动词"炸"的宾语，最后用"把"提升。即便如此，上面举出的很多例子，也很难推断出所谓"结果小句"是什么。如：

> *这段唱词下音来（<我已经把这段唱词录下音来）
> *这个报告一个草（<请你今天就把这个报告起个草）
> *这个工作出个名堂来（<咱们一定要把这个工作搞出个名堂来）
> *节约做小气（<不能把节约叫做小气）
> *牛仔裤去裤脚（<我把牛仔裤剪去裤脚）

形态语言里判断一种句法操作是不是针对宾语的，大多有明确的形式标记可循；汉语尽管没有明确的宾语标记可以作为辨识依据，但是，如果断言某种句法成分是宾语句法操作的后果，那就至少应该能够给出操作过程的令人信服的展示。以上的讨论显示，不论按照传统语法"还原"为宾语常规句法位置的要求，还是按形式句法小句分析法来推导，都无法证明汉语把字句是针对宾语的一种系统性的句法操作。这说明，所谓把字句"作用于及物句论元结构的宾语"的说法，作为一种论证的前提，就是面临很大困难的。

5.3.2 汉语有使用逆被动态的动因吗？

5.1讲了，逆被动是属于作格语言的一种句法过程，汉语如果不是作格语言的话，怎么有可能存在逆被动态呢？

吕叔湘（1987）早有断言"很难把汉语推向作格语言的一边"，目前国内外学者也未见把汉语归为作格语言的。值得讨论的，是受格选择与作格选择的话语动因。

研究指出，世界上的人们之所以倾向于选择这两种语法角色排列形式，有其深刻的话语功能动因。Du Bois（1985，1987）对此有很好的解释。句法形式往往是语用功能凝结的历史结果，"主语—谓语"这种句法关系，就是语用功能"话题—说明"关系固定化的结果。在及物动词句里，A 常常被选作句法上的主语，同时它也是语用上的话题，V+O 是语用上的说明；在不及物动词句里，S 就是话题，V 是说明，把 S 视同为及物动词句里的 A，即处理为句法上的主语，是为了体现 S 与 A 在语用上相同的话题身份。这就是很多语言选择受格系统的原因。

那么，另外一些语言选择作格系统是什么原因呢？难道说这些语言的人们不遵从"话题—说明"这个语用原则吗？研究发现，是另外的语用原则在这些语言中起了关键的作用，那就是在句子里如何处理新信息的一条重要原则。一般来说，一个句子只引进一个新信息成分，及物动词句的 A 偏向于是个已知的信息成分，新信息成分放在 O 的位置上；不及物动词句新信息则是在 S 的位置上。这样看来，S 跟 O 在新信息这一点上性质相同，句法上作相同的处理，可以让这种信息分布格局有利于听话人自然地接受新信息。这是以通格为主导的作格系统形成的语用原因。可以这么说，受格系统的形成，是"话题—说明"这条语用原则在与新信息处理原则的竞争中取得了胜利，而作格系统的形成，则是后者战胜了前者。

这样的话语动因，也是理解这两大类语言基本句法格局的根本点。

叶狂、潘海华（2018）坚持认为逆被动句的定义特征是及物述谓的逻辑宾语被降级，同时认为语义语用特征只是伴随性的。这就比较令人费解了。句法过程的基本驱动力一般都是句法提升，降级是伴随特征；句法变化的根本动因是语用，如果说语用特征是句法变化的伴随特征，那是本末倒置了。

将汉语把字句比附为其他语言里的逆被动态，确实很难使人信服。5.2列出叶狂、潘海华（2012）的四项句法特征和四项语义特征，让人理不出其中的内在联系，推导不出在汉语的句法系统中何以需要这一"逆被动"表达。张伯江（2014）强调"把"字宾语角色的重要性，叶狂、潘海华（2012、2018）强调是句法降级，这两种说法出于不同的理论背景，各说各的，也算正常。重要的是，不管给把字句贴什么标签，总是要以确认它的系统价值为根本目的。如果要论证把字句是逆被动态，也应该是尽量论证把字句主语何以得到了句法强化（可惜的是，汉语事实并不支持，把字句经常是没有主语的），而不是把重点放在"把"字宾语的"降级"论证上。

5.4 "被动主动"说

与叶狂、潘海华把汉语把字句认定为逆被动化的做

5 把字句是不是句法过程

法不同，朱佳蕾、花东帆（2018）力图把汉语把字句对应于"被动主动句"。他们说：许多语言（如英语、韩语、满语、印地语等）都有一种包含复合谓词的句型可以中和主动和被动的对立，如英语的"have+V$_{被动}$"句。这类句型整体上虽是主动语态，但句子的主要谓词经历被动化操作，由此反观汉语把字句，和"have+V$_{被动}$"句相似，句子看似是主动句，但实际上"把"后谓词经历了被动化或反身化的操作。这种操作可以是隐性的，也可以由与把字句共现的"给"来显性表达。

朱佳蕾、花东帆的观点主要是，当"把"后谓词是及物动词时，该谓词经历被动化的操作。而当"把"后谓词为非宾格动词时，无须经历任何操作就可以直接进入把字句，由于非宾格动词本身的性质与被动动词具有相似性，因此也可以由"给"标记。"把"后的非作格谓词经历了一种反身化操作。反身化和被动化在有些语言中经常使用同样的句法标记，因此把字句中，经历反身化操作的非作格动词与经历被动化的及物动词以及无操作的非宾格动词一样，都可以由"给"来标记。

这种比附同样显得牵强。值得指出的是，他们论述中最主要的两项语言事实，都有重大偏失。首先是，他们为支持"'把'后谓词隐含施事"这一观点，举出了六个"隐含的被致使者可以显性出现"的例子：

> 不定那时他会一跤跌到山涧里，把骨肉被野鹰啄尽。
>
> 这所坐落在市中心的学校把操场让人家占用了。
>
> 小树把根叫洪水冲出来了。
>
> ……把事件由国际法庭处理。
>
> 房主说，不想把房子被银行收走。
>
> 赵四张着大嘴笑的把舌根喉孔都被看见。

这六个句子无一例外都是病句，汉语"被"字短语照例是不能出现在"把 NP"后面的。如薛凤生（1989）尽管也讨论到把字句的动词有被动意义，但仍然明确说："'把'字短语位于'被'字短语前的句子显然不可接受。"

其次是把字句里的句法标记"给"。朱、花认为把字句里动词前的"给"跟汉语方言里表达被动的"给"是同一个语素，标记反身意义。这个看法与汉语学界的主流看法不一致，也得不到语言事实的支持。

汉语动词前的"给"并不是依赖把字句产生的。这种用法，一般认为或者由介引受惠者/与事的介词省略宾语而来，或者由"给予"义的动词"给"直接虚化而来。前一种看法可以得到历史语法事实的支持：

5 把字句是不是句法过程

　　他当时也没说甚么，赶人家把房子盖得了，给他加几两银子的房钱，他不答应，叫人家总得给∅加十两银子的房租，人家不肯给他加，他说若不依着他那个数儿办，就叫人家搬家，上别处做买卖去。(早期北京话材料《谈论新篇》第五十六章)

　　直过了一年多，他们才查出来是别人给∅泄漏的，这才把我们舍弟洗出来。(《谈论新篇》第五十七章)

为什么断定这两个例子是省略受惠者的呢？第一句"给加十两银子"后面紧接着有"人家不肯给他加"的说法；第二句"别人给泄漏的"这句话，是照应着前边不远处的上文"他们就不免疑惑我给他们泄漏的"而言的。都有显性的受惠者出现，都是明显的证据。(张伯江，2013)

把字句的例子：

　　又托他家的门馆先生管待程相公，又嘱咐把酒先给收在仓里，闲来自己去收。(《儿女英雄传》第三十九回)

　　你在外头耽搁了这么几天，差一点儿把你们大掌柜的给急死。(《谈论新篇》第四十三章)

91

虽然在这两个例子里补出受惠者/与事成分略显勉强（?把酒给他收在仓里/?把大掌柜的给他急死），但是决然不能补出施事成分的：*把酒给=被他收在仓里/*把大掌柜的给=被他急死。

5.5 把字句是不是句法过程

语言学里常提到的句法过程，主要是被动和逆被动，按照 5.1—5.3 讨论得出的对被动态和逆被动态的系统性认识，我们可以拿汉语把字句来做一个简单的比较：

	被动态	逆被动态	把字句
主要语法角色：降级（或删除）	+	+	-
次要语法角色：提升	+	+	(-)
谓语：去及物化	+	+	(-)
语义：低影响性	+	+	-

这个表格的内容详述如下：

被动态：施事成分降级为介词的宾语，成为旁语，或删除；受事成分提升为主语；谓语从及物性结构变为不及物性的；句子语义降低影响性。

逆被动态：受事成分降级为介词的宾语，成为旁语，或删除；施事成分提升为通格语；谓语从及物性结构变

5 把字句是不是句法过程

为不及物性的;句子语义降低影响性。

把字句:施事成分保持原来的句法地位,既没有降级也没有提升;受事成分得到一定程度的提升,用"把"标记出来;部分谓语从及物性结构变为不及物性的;句子语义增强影响性。

汉语的"被"字句是明显含有被动化过程的。早期的形式句法简单地把句首主语看成是由宾语移位造成的,新近有代表性的处理办法尽管不再认为主语是从宾语移位而来,仍然强制性地假定宾语移走,只不过是通过一个空算子移位实现的(详见 Huang *et al.* 2009, 4.1.2)。这个方案仍然体现了我们上面描述的"施事成分降级,受事成分提升,及物句不及物化"的总体特征。与此同时,句法学者也观察到:"'把'字结构的推导方式与'被'字结构不同","'把'不指派任何论旨角色:把字句的主语和'把'后 NP 都没从'把'那里获得论旨角色。'把'字结构不涉及算子移位"(同上,5.1—5.3)。这说明他们也观察到把字句并不强制性地使施事和受事提升或降级。

这个比较说明,汉语把字句不是一种典型的句法过程。本书下编还将进一步讨论,把字句主要是服务于语义和语用目的的。

下 篇

把字句的语义和语用问题

6 主语的意志性

把字句的语义,最引人注意的是句式的整体意义,说到每个成分的意义,也是"把"字宾语受到的关注最多。至于把字句的主语,起先不是注意的地方。随着研究的深入,主语的语义角色越来越多地受到了重视,甚至引发了对句式整体意义的新的看法。

6.1 施事与致事

我们在本书1.2介绍了关于把字句主语的形式方面的讨论,这里,再着重从语义角度看看把字句主语的意义类型。饶长溶(1990)是较早讨论把字句主语的语义类型的。饶长溶说:有的主语名词表示的人是其后动词动作的发出者,即施事,如"我把冬天的衣服全带了"里的"我","好心的街坊把淑红拉回了自己的家"里的"好心的街坊"。除施事以外,还有受事,如"山楂糕把牙给吃软了"里的"山楂糕","这衣裳把人洗怕

6 主语的意志性

了"里的"这衣裳"。有的是以短语的形式表示其后谓语动作及其结果的原因,如"吃螃蟹把孩子吃吐了"里的"吃螃蟹"是"吃吐"的原因,"大家盼雨把眼盼红了"里"大家盼雨"是"眼""盼红"的原因。

他特别指出,由名词性单位充当主语的两例跟非名词性单位充当主语的两例可以相比较:"山楂糕"除了是"吃"的受事外,还可以认为是兼表原因,因为"山楂糕"才招致"把牙吃软了"的结果,这点跟因为"吃螃蟹"以致"把孩子吃吐了"近似;"这衣裳"也可以看作是"把人洗怕了"的原因。亦即:

吃<u>山楂糕</u>把牙给吃软了。
洗<u>这衣裳</u>把人洗怕了。

值得注意的是,饶长溶指出,此时"整个'把'字式含有致使义"。他又举出几个很有启发意义的例子:

<u>这声低柔的"祥子"</u>把他的怒气打消了好些。
<u>一个通宵</u>把小弟眼睛熬红了。
<u>几步路</u>把我走累了。

应该说,饶长溶这里的观察,已经拉开了"致使"

说把字句

这出大戏的序幕。

叶向阳(2004)在讨论把字句主语语义类型的多样性时,有独特的角度。她指出,以往对把字句所做的是单事件的解释,认为把字句中有一个主要动词,A是主要动词的施事,B是主要动词的受事。但这种看法遇到很多困难,她在文章中罗列了A、B两个成分从单事件及物角度看担当的语义角色:

<u>电话铃</u>把<u>我</u>吵醒,我仍沉溺在纷乱的梦中。(A:施事;B:受事)

<u>两杯酒</u>就把<u>他</u>喝醉了。(A:受事;B:施事)

<u>五里山路</u>就把<u>他</u>走累了。(A:范围;B:施事)

<u>那事儿</u>把<u>他</u>都急哭了。(A:不是"急"的论元,只表原因;B:当事)

<u>他/那块石头</u>把<u>刀</u>都砍钝了。(A:施事/受事;B:工具)

<u>他</u>把<u>眼睛</u>哭红了。(A:施事;B:施事一部分)

<u>他/玩牌</u>把<u>时间</u>都玩没了。(A:施事/过程本身;B:过程中流逝的时间)

<u>看你</u>把<u>桌子</u>吃成了什么样!(A:施事;B:过程进行的场所)

<u>小王/一杯水</u>就把<u>他</u>救活了。(A:施事/工具;

6 主语的意志性

B：受事）

<u>他</u>把<u>客人</u>都哭走了。(A：施事；B：不是"哭"的论元，只是受影响者）

这样一摆事实，就清楚看出：A 可以是主要动词的施事、受事、范围、工具、非论元的原因或者过程本身，B 可以是主要动词的受事、施事、施事的一部分、当事、工具、所用时间、发生的场所，甚至可以是和动词没有论元关系的受影响者。叶向阳认为："从及物性角度观察把字句，A、B 与主要动词的语义关系很复杂，没有统一的角色。而从致使性角度观察把字句，则 A、B 可以得到统一的语义角色。"她的结论是：

从致使角度观察，把字句形式上的三个位置与致使情景中的各语义要素形成简单而有规律的对应：A 是致使者（causer），即致使情景的激发者；B 是被使者（causee），即致使情景中受影响而产生变化者，被使事件的主体；VP 是致使情景（E_1、E_2）。B 是联系致使事件和被使事件的枢纽，不可或缺，A 相对而言不太重要，可有可无，这与致使者和被使者在致使情景中的地位相符。

从"实施者（agent）"到"致使者（causer）"，这个变化，说明研究者看到的事实日益丰富，对事实的理解也日益深刻。在 Dowty（1991）给出的原型施事语义等级上，排在第一位的是"自主性"，即施事有意愿地发出行为；排第二的是"感知性"，指施事者对事件或状态的感知；排第三位的是"使因性"，指事件的主体导致事件或另一参与者的状态变化。三者的施事性一个比一个弱。过去人们关注把字句的处置意义，有处置能力的当然只应该是高自主性、高意愿性的，所以没有怀疑过把字句主语意愿性的高低。新的事实的发现，让人们看到，导致处置事件的实现，不仅仅出自有意的动作发出者，也可以出自无意的，这该怎么解释呢？

6.2　意志与责任

1985 年 8 月，第一届国际汉语教学讨论会在北京西山举行，会议期间，来自美国斯坦福大学的高恭亿和北京大学陆俭明、马希文聚在一起讨论起把字句主语的非施事性问题，"大虾把我的肚子吃坏了"，"大虾"显然不是施事，如何与施事主语得到统一的解释呢？他们得出一个看法：把字句主语的语义身份应该概括为"责任者"。这样，无论"大虾把我的肚子吃坏了"还是"张三把我的肚子打疼了"，"大虾"和"张三"都是谓语事件的责任者。很遗憾这个观点一直没有以论文形式发

6　主语的意志性

表出来。

张伯江（2000）对"责任说"做了进一步的阐发。他在当代小说语料里看到了不少不具备"自主性"而仅仅具有"使因性"的情况。例如：

> 我告诉自己不要看那轮子，<u>但另一种巨大的力量</u>把我的目光牢牢吸引在那两对后轮上，直到那两对后轮蓦地停止转动……
>
> 这些缝隙积累积起来，便产生了<u>一个巨大的空间</u>，把我和事实本身远远隔开，自成一家天地。
>
> 我用力地推开她，猛地翻身坐起，拧亮台灯，下地找着一支烟点上吸，<u>第一口</u>就把我呛得连连咳嗽。
>
> 他们说<u>你撞了车</u>，把我吓坏了，我还以为……
>
> <u>他</u>竟把这个誓忘记了那么多年，忘记得这么彻底……
>
> <u>我跟你下棋</u>把手都下臭了。

这些例子里，无论是无形的抽象事物"一种巨大的力量""一个巨大的空间"，还是有形的无生命事物"第一口烟"，以及事件"你撞了车""我跟你下棋"，都是在整个句子的"追究责任"意义中扮演了"承担事件责任者"的角色。有了这个认识,对"他竟把这个誓忘记了那么多年"这样的句子,也就不会因为"他"是具有自主能力者而判定为施事,或者因动词"忘记"而判定"他"是感事,"承担责任者"才是这个句子里"他"最准确的语义解释。

施事者对有意为之的自主行为当然是要负责任的,但有时他无意成了某事件的起因也逃脱不了责任,这就揭示了一个规律:在原型施事的几个特征里,"自主性"是蕴含"使因性"的。为什么会有这种蕴含关系存在?其实这也不难理解:因为语言本来就是说话人的一种陈述,一句话(姑且以施事居首的一般陈述句为例)一方面它是对施事所做行为的一种描述,另一方面也是说话人的态度的表现。这时句子的视点严格说来就有取自施事者(agent-oriented)和取自说话人(speaker-oriented)两种情况。"荆轲故意靠近秦王"是从施事者的视点说话;"荆轲显然刺不死秦王"则是从叙述者的视点说的话。后者只是说者看法的表示,并不一定与句中施事者的意愿完全一致。我们说汉语把字句总有"追究责任"的意味,这种意味究其实质是说话人带来的。可以说,把字句是表达说话者追究责任语义的一种适宜句式。

"追究责任"意义能不能得到句法形式的证明呢?

6 主语的意志性

张伯江（2000）认为汉语里"是……的"句式是一种凸显责任者的句式，把字句都能变换成"是……的"式使责任者得到强调：

> 是另一种巨大的力量把我的目光牢牢吸引在那两对后轮上的
> 是那个巨大的空间，把我和事实本身远远隔开的
> 是第一口烟把我呛得连连咳嗽的
> 是你撞了车的消息把我吓坏的
> 是他把这个誓忘记了那么多年的
> 是跟你下棋把手都下臭的

"责任者"与"致使者"是不是一回事？是不是具有相同的解释力呢？朱佳蕾、花东帆（2018）指出：致使说并不全面，"有些把字句不表达致使或处置的意义"，如：

> <u>张三</u>把钱看得很重。
> <u>看守</u>把个犯人给跑了。
> 比赛到了最后这个重要关头，<u>他</u>竟然把条腿给断了。

"致使"是顺着起因走向结果的正向叙述,"责任"则经常是看到了严重的后果,倒回头来追究该是谁承担责任。至少在后两个例子里,追究责任的意味是比较明显的。

"致使说"的主张者强调的是两个事件之间前者影响后者的关系,尤其是前一事件。"致使者"不是最受到关心的,从他们举的例子常常是不带主语的这一点就可以看出来。

7 宾语的有定性（上）

7.1 有定：专指？泛指？确指？

把字句宾语的有定性是把字句研究中最"古老"的话题，也是最常被人提起的。在本书 1.1.1，我们从形式角度讨论了有定/无定问题，有定性问题的实质是意义，这里，我们重点谈谈有定性的语义。

吕叔湘（1948）谈到，Mullie（1932）中较早论及了"把"字宾语必须有定（the determinate accusative）。吕先生评价道："汉语里一个名词的有定无定，并不一定要戴个帽子来表示，所以 Mullie 在这段说明之后举的两个例子——'我把这一本书儿看完了''我把桌子挪了'——就是一个有'这'字点明，一个没有'这'或'那'，可是这句话里的'桌子'当然不是任何一张桌子。Mullie 的这个观察是很正确的。试比较'把那杯茶拿来'跟'拿杯茶来'，一句的茶有定，一句的茶无定；一句用把，一句不用把，不能交换。'把茶拿来'跟

说把字句

'拿茶来'也还是有分别：说前一句的时候是知道有茶预备在那里的，说后一句的时候是不存这种假定的。"

"有定"在西方语言里往往是能够凭冠词形式来辨认的，汉语里则不一定行，吕叔湘这段话已经触及这一点。那也就是说，有定还是无定，在汉语里更多地是个语义概念。

有定性的语义是什么，很长一个时期没有明确的说明，我们看王还（1957）的讨论："一句话能不能用'把'，有时的确同宾语的性质有很大的关系。但是'有定''无定'的说法却不很准确。如果说有定是专指而无定是泛指，我们就难以说明何以能说下边这几句话：

> 他这人太浪费，总把<u>钱</u>不当钱花。
> 他目空一切，从来不把<u>人</u>放在眼里。
> 我想把<u>一本俄文小说</u>译成中文，你说译哪一本好？

这里的'钱'和'人'和'小说'，都不是指特定的一笔钱、一个人、一本小说。我们承认在把字句中，有定的宾语确实比无定的宾语多得多。不过宾语的有定、无定却很难从外形上看出来。在'主—谓—宾'式的句子中，光秃秃的一个名词作宾语可以是无定的，如'他怎

7 宾语的有定性(上)

么老写信？'但是在把字句中，一个光秃秃的名词作宾语就常常是有定的，如'我把信写了'，一定是指某一封信或某些信。"

二十多年以后，王还反思道："我在 1959 年为上海教育出版社（按：应为 1957 年新知识出版社）的《汉语知识讲话》丛书写了《"把"字句和"被"字句》这一小册子。在谈到'把'字的宾语时下了这样一个结论：我们可以说把字句的宾语必须具备下列条件之一：

"甲、某一或某些专指的人或事物。

"乙、某一或某些在动作前已经存在的人或事物，专指泛指都可以。

"我所说的'专指'就是一般所谓'有定'的，'泛指'就是一般所谓'无定'的。宋玉柱先生在《语文研究》1981 年第 2 期的《关于"把"字句的两个问题》中举了三个例子说明我上面那个结论有问题：

你总不能把<u>房子</u>盖到别人家去吧。

他是一位有才华的作家，能把<u>文章</u>写得引人入胜。

你以后可要把<u>信</u>写清楚，别这么云山雾罩的。

"这三句中'把'的宾语确实是在动作以前不存在，

可又是泛指的,而这三句确实是很好的把字句。

"去年为了《汉语知识讲话》丛书再版,我又把把字句琢磨了一番,发现 1959 年为'把'的宾语下的结论确实错了,我现在认为:

"一、在动作前不存在的泛指的人、物是可以作"把"字的宾语的,但要有一定的条件。

"二、动作前不存在的泛指的人或物之所以不能用简单的处置性的动词构成把字句,不是因为事物不存在,无所谓泛指专指,而是因为那个动词在那种情况下变为非处置性的了。

"三、'把'字的宾语不限于专指泛指两种,而是有第三种:通过动作而确定下来的某一或某些人或事物。"(王还,1985)

王还认为,汉语名词前带数量修饰语的结构之所以被认为是无定的,是受英语语法的影响。英语有所谓"冠词"article,分为两种:the 是定冠词;a 或 an 是不定冠词。英语的 a 或 an 常与汉语的"一个"相当,于是名词前带"一个"之类的修饰语的一般便认为是无定的。但即使在英语语法中也有两组不同的概念,不容混淆。一组是 definite 和 indefinite,指 the 和 a 或 an 两种冠词,另一组是 specific 和 generic,即所谓"专指"和"泛指"。汉语根本没有冠词,当然也就没有 definite 和

7　宾语的有定性（上）

indefinite 的概念。和"把"字的宾语有关的其实是"专指"和"泛指"这组概念，与英语的 specific 和 generic 正好相当。

她进一步讨论道："小张生了一个女孩儿"是不能用把字句来表达的。其所以不能用"把"，一般解释是因为"一个女孩儿"是无定的。但是"我不小心把一个杯子砸了"，为什么又可以说呢？宾语性质相同，原因只能从动词上去找。"砸了"和"生了"的区别就在于"生了"的宾语"一个女孩儿"是在"生"这个动作以前不存在的。这一类动词，如果后面不带什么复杂的成分，只带一个有数量修饰语的宾语，都是不能构成把字句的，如"他写了几首诗""老李买了三斤苹果""小林织了一件毛背心""你给他倒一杯茶喝"。以下是从文学作品中摘来的一些例子：

它们酿造一斤蜜，大约要采五十万朵左右的花粉。

生产队……曾打算在果园旁给他盖一间屋……

如果有人把这一方面的材料收集起来，一定可以编出一部好书。

他涂得挺认真，像是一位画家正在精心创作一幅图画。

说把字句

　　他找来一些废铁丝，精心扎了一个小笼子。

　　在这些句子中，动词的功能是使后面的事物从无到有，而不是对已确定的或已存在的事物进行某种处置。但是这类动词是否永远不能用于把字句呢？也不是，例如：

　　你赶快把两篇文章写了吧，编辑部又来催了。
　　他把几首诗写得一点诗味都没有。
　　小林把一件毛背心织得又肥又长。
　　小张把个孩子生在火车上了。
　　他把个小笼子扎得玲珑剔透，精致异常。

　　例中的"两篇文章"是早和编辑部说妥要写的，所以是专指的，"写"是对已确定的"文章"的处置方法，当然可以用把字句。如果一般请人写文章，则只能说"你给我们写两篇文章吧"，而不能用把字句。其余四句中"把"的宾语则不是专指的，但也不是泛指的，因为所指的事物并不是任何一个，而只能是受句中动词控制的那一个，是通过动作而确定下来的那一个。王还于是称之为"确指"。她认为，这一类确指的宾语能用于把字句是有条件的，那就是动词要带上后附成分，说

7 宾语的有定性(上)

明宾语受到什么样的处置,或者说,句子的重点原来是从无到有,现在必须转移到说明宾语通过动作成为一种什么状态。最有趣的是,虽然"小张把个女儿生在火车上了"不是一定不能说的,但是说汉语的人大概很自然会说"把个孩子生在火车上了",又用起这中性的、不给任何信息的宾语来。因为这句话的主要信息是"生在火车上",而不是女儿还是儿子。

这种"确指"的宾语只可能用于两种动词:或者是上面所说的宾语必须赖以产生出来的动词,或者是一种意外的行动,如"他的汽车昨天把一棵小树撞倒了""冰雹把一片麦地全砸了""我一不小心,把一杯酒全洒在衣服上了"。这种表示意外行动的动词的受事,固然可以是专指的,但也可以是确指的,即动作前不确定,通过动作而后确定,所以既不是专指也不是泛指。另外,这种确指的宾语出现于把字句的必须是叙述某一件已成事实,而不会是条件、假设或一般无时间性的道理的论述。

基于以上讨论,王还(1985)把把字句中"把"的宾语分为三种:

一、确指的。如上面所论述的两种动词的宾语,条件是句子是说明某一已实现的事件。如宾语所表示的事物在动作前不存在,则表示该动作的动词必须带上后附

说把字句

成分,说明宾语如何受到影响。

二、泛指的。这种把字句最常见的是一般道理的论述,没有什么时间性,下面是从文章中摘来的一些例子:

> 最近苏联也有人把<u>意义</u>看作是语言之外的范畴。(宋振华、刘伶《语言理论》)
>
> 我们平常把<u>大豆</u>拿去榨油,主要目的是为了提取它所含的脂肪……(《燕山夜话·大豆是个宝》)
>
> 他们正好可以把<u>自学</u>与家传相结合。(《燕山夜话·自学与家传》)
>
> 这种宇宙观把<u>世界一切事物,一切事物的形态和种类</u>,都看成是永远彼此孤立和永远不变化的……(毛泽东《矛盾论》)
>
> 他们把<u>一般真理</u>看成是凭空出现的东西……(同上)
>
> 那末,应该怎样努力才能把<u>字</u>写好呢?(《燕山夜话·大胆练写字》)

三、专指的。这是最常见的"把"的宾语,只要动词是处置性的,都可用把字句,不需要任何条件。

7.2 从语义定义的定指和通指

1987年，陈平发表了后来产生巨大影响的《释汉语中与名词性成分相关的四组概念》一文，这是汉语语法学界第一次系统研究语法中指称的意义与形式的一项成果，第一次把以往语焉不详的有定、确指、专指、泛指等概念系统地区分为四组对立的概念：

有指（referential）与无指（nonreferential）
定指（identifiable）与不定指（nonidentifiable）
实指（specific）与虚指（nonspecific）
通指（generic）与单指（individual）

与把字句有关的，主要是其中"定指/不定指""通指/单指"两组概念。陈平对"定指"和"不定指"给出的定义是：

> 发话人使用某个名词性成分时，如果预料受话人能够将所指对象与语境中某个特定的事物等同起来，能够把它与同一语境中可能存在的其他同类实体区分开来，我们称该名词性成分为定指成分。这里又有两种情况。一是语境中没有其他同类实体，

所指对象在特定语境中是独一无二的。二是虽有其他同类实体，但受话人可以凭借种种语言信息和非语言信息将所指对象与其他实体区分开来。相反，发话人在使用某个名词性成分时，如果预料受话人无法将所指对象与语境中其他同类成分区分开来，我们称之为不定指成分。这里也可分两种情况。一是发话人是首次把所指对象引进话语，把它作为一个陌生的实体介绍给受话人。二是发话人仅仅是用该名词性成分虚指该成分所代表的事物，至于这个事物是否存在于特定语境之中，发话人本人也不清楚。

陈平在讲到汉语里"一些句子成分有由定指格式的名词性成分充当的强烈倾向"时，首先提及的就是主语和"把"字的宾语，举的例子是：

> 他派周摄影把<u>玉莲</u>送到县招待所，安排食宿。
> 他慢慢地踱到一土坟前，缓缓地从怀中掏出一本《中国作家》杂志，翻过了几页，把<u>登载着小说《黑纽扣》的那几页</u>撕了下来。

关于"通指"和"单指"，陈平的定义是：

7 宾语的有定性（上）

> 名词性成分的所指对象如果是整个一类事物（class），我们称该名词性成分为通指成分。相反，所指对象如果是一类中的个体（individual），我们则称之为单指成分。

从上一小节的讨论，我们感觉王还是尽量把她所谓的"泛指"拉向"定指"那一边。其实，这里的实质是名词能否理解为个体化（individualization）的问题。不管是定指的还是不定指的名词，都是个体化的实体代表，而王还（1985）那些句子里的名词事实上都是通指性（generic）成分。王还讨论的例子"小林把一件毛背心织得又肥又长""小张把个孩子生到火车上了"，其中的"一件毛衣""（一）个孩子"我们都不能当作不定指成分看待，切合实际的理解应该仅是指"毛衣"这种事物、"孩子"这种事物。通指成分前边为什么可以加数量词，陈平（1987）有论述，我们也将在下一节专门讨论。还需要指出的是，这里讨论的句子从句类角度说都不是叙事句而是描写句，不是对事件过程的陈述而只是对状态的描述。这样的句式里经常会使用非个体性的名词。

从以上对照可以看出，王还说的"专指的"，属于陈平说的"定指的"；王还的"泛指的"等于陈平说的

"通指的"。那么,王还说的"确指"的,是不是属于"定指的"呢?

7.3 从原型受事特征理解定指性

对"把"字宾语语义的理解还需要更多的理论观点来支持。张伯江(2000)对"把"字宾语的"受事性"做了细究。施事和受事这对普通的概念,在 Dowty(1991)那里做了更进一步的分解,Dowty 指出施事、受事等并不是初始概念,跟动词发生种种语义关系的成分中最基本的角色只有两类,即原型施事(Proto-Agent)和原型受事(Proto-Patient)。原型施事包括自主性、感知性、使因性、位移性和自立性五项主要特征;原型受事包括变化性、渐成性、受动性、静态性和附庸性五项主要特征。

典型的主语/宾语是较多具备原型施事/受事特征的成分,工具、处所、系事等成分之所以做主、宾语常常表现出一定的灵活性,就是因为它们总是兼有部分原型施事特征以及部分原型受事特征、以不同方式组合而成的。因此各种语义角色和语法关系其实都可以用这两组特征进行较为清晰的描写。

在汉语里,动词前面是主语的正常位置,动词后面

7 宾语的有定性（上）

是宾语的正常位置。我们可以根据原型施、受事理论得出一个假设：凡是处于动词后面的成分，不管它是不是最典型的受事，都会或多或少地具有一些受事的性质；凡是处于动词前面的成分，不管它是不是最典型的施事，都会或多或少地获得一些施事的性质。前一个观点在任鹰（2005）中已经有很全面的讨论，后一方面，汉语把字句是很好的例证。

就最典型的施受对立——"自主性"与"变化性"、"使因性"与"受动性"的对立而言，"把"字的宾语更多地具备受事特征，这就是过去人们说"把"的作用是"提宾"的依据。但是与此同时我们也观察到，"把"字的宾语却具有两种原型施事的特征——"自立性"和"位移性"，而排斥两种受事特征——"附庸性"和"静态性"。

我们先看看"把"字宾语表现出的自立性特征。自立性指的是事物先于行为而存在，不能是行为的结果或者随着行为的进程而成为事实的东西。下面的对比显示了"把"字宾语的"自立性"特点：

我把房子拆了 ： *我把房子盖了
他把字儿擦了 ： *他把字儿写了
他把烟戒了 ： *他把烟抽上了

117

左侧的例子中"把"字的宾语都是先于行为存在的;右侧的"盖房子""写字""抽上烟"都是一种随着行为而成为现实的过程,这是自立性的典型表现。

以往有不少学者注意到了"他把房子卖了"和"*他把房子买了"的对立(张国宪 1995,沈家煊 1999),但也常常受到人们另一角度的质疑,有人会说"房子在买之前也是存在的",事实中也的确有"把房买了""把路修起来了"等说法。可见"自立性"的理解问题还是有些值得讨论之处的。

对"自立"的概念不能做没有限制的理解,要放到"认知图景"里谈"自立"。拿"买"这种行为来说,在现实世界里,所要买的东西常常是存在于商家的,但对于"买"这个行为来说,说话人买到之前那东西就没有成为现实。理解"自立"与否要放在事件图景里看,即看一个事物脱离事件是否为独立存在。看下面这个例子:

把小背心脱了。
→ *把小背心穿了

人身上不是生来就有衣服的,所以对人的身体来讲,要穿的背心不可能脱离"穿"这个行为而独立;相反,穿

7 宾语的有定性（上）

上的背心能脱离动作"脱"而独立，所以这个例子里的第一句中"背心"是自立的，第二句的"背心"却不是自立的。下面例子也都可以做类似分析：

> 把那排刷扔了，怪碍事的。
> → *把那排刷捡了
> 杜梅笑完把纸一把撕了："少来这套。"
> → *把纸粘了
> 你给我点钱，我来布置，把沙发套、窗帘都换了……
> → *把沙发套、窗帘都买了
> 我今天可是把心里话都跟你说了，一丁点都不隐瞒，
> → *把心里话从你那儿听了
> 她笑，手拿一只打火机"啪啪"地打着火苗："你要走，我就把这家点喽。"
> → *把这房灭了

最后一例尤其耐人寻味：单就"点"和"灭"这一对反义动词而论，并不好确定它们论元自立与否，放到不同的事件图景中会得出相反的结果："把这家点了"可以说，"*把这家灭了"不能说；但"*把这火点了"不

能说,"把这火灭了"却又能说。

跟"自立性"明显相对的是"附庸性",所以把字句排斥结果宾语,例如在孤立的情况下我们一般不说"*把房子盖了""*把文章写了""*把孩子生了"。但需要解释的是为什么可以说:

> 你总不能把房子盖到别人家去吧。(引自宋玉柱1981)
> 他是一位有才华的作家,能把文章写得引人入胜。(同上)
> 你以后可要把信写清楚,别这样云山雾罩的。(同上)

值得注意的是,这几个句子都是非现实句(irrealis clause),即在一种假设的情境中针对一个设定的概念所发的议论,所涉及的行为只是一个整体活动(activity)而不是一个具体事件(event),即没有过程意义,不属于话语中的前景部分(foreground, Hopper & Thompson 1980)。这种情况下突出的是用补语表示的那些结果性成分,所以例子中"房子""文章"和"信"都不是现实的物质实体(physical entity),而是说话人心中的概念实体(conceptual entity),也就是说,它们构成整体

7 宾语的有定性（上）

活动的一部分而不是一个具体事件的一部分，一个证据是，它们不能定指化：

*把那座房子盖到别人家去
*把那篇文章写得引人入胜
*把那封信写清楚

因此，这种现象并不能构成"把"字宾语"自立性"的反例，而是表示针对一种"自立概念"的心理处置行为。

那么，怎么理解自立性与有定性的关系呢？

如果把"有定"与"无定"一般地理解为"已知"和"未知"的话，那么"自立—已知—有定"三者之间就有一种天然的关联，这也就是早期的把字句论述都持"把"字宾语必须"有定"说法的依据。后来这种说法受到一些质疑，不断有人提出"无定"形式的例子（也就是"一+量词"形式）。在汉语语法论著中"有定""无定"这样的概念使用中常常是十分模糊的，至少没有很好地区分是说话人自己能识别的，还是说话人认为听话人能识别的等不同情况。一般来说，说话人认为听话人能识别的就用有定形式，认为听话人不能识别的就用无定形式；仅仅说话人自己能识别的情况并不必

说把字句

然要用有定形式，还要考虑篇章中的其他因素。下面我们分析几个"无定宾语"的例子：

> 但他没有直截了当地提出请求，而是在饭后主动积极地去刷碗，扫地，擦桌子，把一切归置完了，像个有事要求主人的丫鬟把<u>一杯新沏的茶和一把扇</u>递到正腆着肚子剔牙的马林生手里，
>
> 齐怀远……把<u>一杯早已沏好的茶</u>从茶几那头推到这头，"请喝茶。"
>
> 同事、街坊没少把<u>一些有"掌"的女同志</u>发给他，
>
> 他绘声绘色地讲述那天他有票却没能现场看的故事，把<u>一个倒霉、令人沮丧的经过</u>讲成了一场有趣的、唐老鸭式的冒险。
>
> "啪——"马锐把<u>一瓶酱豆腐</u>摔碎在地上，褐红的卤汁流了一地……

前两例的"茶""扇"等都是家庭生活中必有的内容，应该说是事件现场已知的；第四个例子，实际上是个描写性的定语，实体内容就是前一句中的"那天他有票却没能现场看的故事"；最后一例，上文有马锐去"天源酱园"买酱菜刚回来的背景，"一瓶酱豆腐"也是可推

7 宾语的有定性（上）

知的信息。我们认为这里可以参考 Chafe（1994）把意识分成直接式（immediate）和曲折式（displaced）的观点来分析。在第三人称小说语体中，通常是以故事中的主人公的意识决定所指的可辨性。即：在小说的世界里，主人公已经意识到的成分是可辨的（identifiable），主人公没有意识到的会被当成不可辨的（inidentifiable）来对待。但是由于小说还有读者的阅读需求这一因素的制约作用，作家不可能完全以主人公的意识为转移，因此有时候要把两方面的因素平衡起来，造成不完全一致的情形。由此来看以上几个句子，在主人公的意识里确属已知成分，但对读者来说是未知的，这正是作家为了满足读者的需求而把它按未知对待了。所以，把字句的"有定性"问题准确的表述应该是：在第三人称叙事体中，把字句中"把"的宾语一定是小说世界里的主人公所已知的。这是"一+量词"形式在把字句中自立性的体现。

8　宾语的有定性（下）

问题讨论至此，"有定性"概念已经有些模糊了，现在，我们需要对两组概念做一个清理。一组是与"有定性"有关的，"有定"和"无定"，分别对应于英语的 definite 和 indefinite；另一组是与"可辨性"有关的，"定指"和"不定指"（其实，也许译作"可辨"与"不可辨"更准确），分别对应于英语的 identifiable 和 nonidentifiable。陶红印、张伯江（2000）明确区分了这两组概念，他们说："我们把有定无定看作是一种纯粹表层形式特征（带'一个'或'个'的名词成分），而把说话人和听话人对名词所指所做的判断看作是另一类性质的问题，包括信息方面的已知性（given 和 new 的对立）以及理解方面的可辨性（identifiability）。"这种区分，有利于深入认识所谓"无定式"把字句的表义特点。这一章，就集中讨论一下现代汉语里为什么会有形式为"无定式把字句"的句式，其中的宾语在何种意义上表现出无定性，句式意义有什么特点。

8 宾语的有定性（下）

8.1 历史发展趋势

把字句宾语采用无定形式，不是新兴的现象，近代汉语里就有，而且用得比较多，与现代汉语相比也有一些不同的特点。从历史来源看，有必要对无定式把字句中无定名词的两种形式"把+个"（"个"包括其他单位量词）与"把+一个"分别考察。吕叔湘（1948）已注意到："'把'字后头的宾语带一个个字……这个'个'字尽管是一个的省缩，可不一定表示后面的名词的无定性。"陶红印、张伯江（2000）对近现代汉语的考察发现，"把一个"和"把个"在词语搭配选择、句式选择和不同时代的出现频率等方面均表现出既相关又相异的分布特征。

8.1.1 "把个"的发展

事实是不是像吕叔湘（1948）说的那样，"把个"是"把一个"的省略呢？陶、张简单观察了从14世纪到19世纪几部有代表性的白话小说，发现《水浒传》里"把一个"远远多于"把个"，到了《儿女英雄传》里则倒了过来（具体数字是：《水浒传》50∶7，《儒林外史》12∶12，《红楼梦》10∶25，《儿女英雄传》19∶108），数字显示了"把个"确实是后起的格式，但

说把字句

他们认为这种变化还有其他因素在起作用,包括"把"字本身意义的变化。

从"把"字本身虚化的程度来看,近代汉语内部的区别也相当大。在《水浒传》甚至在《红楼梦》中,"把"的"拿、用"的词汇意义还十分明显,"把个"与"把一个"没有太多实质上的区别,例如"把个碗去白盆内舀那酒来只顾吃""把个衲头与他替下湿衣服来烘"等。这种情况到了《儒林外史》和《红楼梦》中就有了相当大的改变。在这两部作品中,"把个"已经出现了与"把一个"截然不同的功能趋势。最常见的一个用法是"把个"后面常常带上一个专有名词,尤其是以人名形式出现的专名。与此同时,不及物动词常常是表示心理状态和情绪变化的语词,如"唬、气、吓、急、臊、乐"等。例如:

> 说罢,把头一掉,就几步跨出去了。<u>把个权勿用气的眼睁睁</u>,敢怒而不敢言,真是说不出来的苦。(《儒林外史》)
>
> 两个月讨回,足足二百两,兑一兑还余了三钱,<u>把个陈正公欢喜的要不得</u>。(同上)
>
> 话未说完,<u>把个贾政气得面如金纸</u>,大叫:"拿宝玉来!"(《红楼梦》)

8 宾语的有定性（下）

话未说了，<u>把个宝钗气怔了</u>，拉着薛姨妈哭道："妈妈，你听哥哥说的是什么话！"（同上）

平儿……便一五一十的告诉了。<u>把个刘姥姥也唬怔了</u>，等了半天，忽然笑道……（同上）

宝玉虽也有些不好意思，还不理会。<u>把个宝钗直臊的满脸飞红</u>，又不好听着，又不好说什么。（同上）

陶、张观察到，这些动词都兼有表自主状态和他动两种功能，既可以是外在事物导致主体自身发生这些变化（他动），也可以是就主体本身的情绪状况所做的描述（状态）。从这类语词开始大概是施事宾语把字句产生的一个机制。

这个时期的"把个"格式的另一个值得注意的特征是，把字前面的主项不是一个具体的名词，而是空位，这个空位所代表的是一个整体的事物或事件。例如："便一五一十的告诉了。[ ] 把个刘姥姥也唬怔了，等了半天……"，"把"前面的空位应该理解为一个事态状况，即整个事件把刘姥姥唬怔了，而不是某一个具体的人或物。

有的"把个"句中的不及物动词是其他类型的动词，如"没"和"哭"；到了《儿女英雄传》，"把个"

说把字句

大量出现,描写人物心理情绪状况成为这个格式的主要语义特征,动词包括"急、忙、慌、羞、乐"等。例如:

> 怎么忽然把个晴雯姐姐也没了?到底是什么病?(《红楼梦》)
>
> 黛玉自己经昏晕过去,却心头口中一丝微气不断,<u>把个李纨和紫鹃哭的死去活来</u>。(同上)
>
> 这句话没说完,就放声大哭起来。<u>把个舅太太慌的</u>,拉着他的手说道……(《儿女英雄传》)
>
> 十三妹离坐一把拉住,按在身旁坐下,说:"不许跑。"<u>把个张姑娘羞的无地自容</u>,坐又不是,走又不能。(同上)

从篇章功能上来看,这种把字句可以起到一种转换描写的功能,即从对前一个人物或事件的描写转入对下一个人物的心理描写,并体现出两者之间的前因后果的关系(参看张旺熹 1991)。施事把字句自身是对当前人物的心理情绪的描写,但是"把"字的使用蕴含了前面事件或人物对后面人物心理情绪的促发作用。虽然"把"字在这里看似多余(因为不用"把",句子内部的施事句照样成立),但从篇章的角度看并不多余。试

8 宾语的有定性（下）

比较"把个张姑娘羞的无地自容"与"张姑娘羞的无地自容"，前者不独立，蕴含了前因后果的关系，后者是独立描写性的，不蕴含任何起因。

8.1.2 "把一个"的发展

陶红印、张伯江（2000）对《水浒传》中"把一个"后面的成分有一个重要观察，即，那个名词常常是一个新的话语成分，但是这个成分并不属于话语事件的主要参与者，不具有话题连续性（topic continuity, Givón 1983），这样的成分在有关文献中称为"偶现（incidental 或 trivial）"新成分（Chafe 1994）。普通的及物动词在篇章中常常带出这类话题成分（Du Bois 1987）。例如：

> 及至引见，到了老爷这排，奏完履历，圣人望下一看，见他正是服官政的年纪，脸上一团正气，就在排单里"安学海"三个字头上，<u>点了一个朱点</u>，用了榜下知县。（《儿女英雄传》）

这里动词"点"后面的宾语成分就是一个典型的不具备话题连续性的偶现新成分。下面看几个《水浒传》中无定把字宾语的例子。这些例子中的"一把锁""一条铁索"都是既不承前又不启后，属于偶现的新成分。

说把字句

《水浒传》中大量无定把字句属于这种类型，而且"把"字可以用"拿"和"用"替代，说明这个时期的"把"跟普通及物动词相当接近，后一例中"把"和"将"同现是很好的证明：

> 又见班里两个人提着灯笼出来关门，<u>把一把锁</u>锁了，各自归家去了。
>
> 两个公人自去炕上睡了。<u>把一条铁索将卢员外</u>锁在房门背后，声唤到四更。

到了《儒林外史》和《红楼梦》，"把一个"的用法有所扩大。除了上述引进偶现成分的功能外，还发现有表通指/任指和"全称"意义的新用法：

> 无论那马先生不可比做亢龙，只<u>把一个现活着的秀才拿来</u>解圣人的经，这也就可笑之极了！（《儒林外史》）
>
> 我就怕和别人说话：他们必定<u>把一句话拉长了</u>，作两三截儿，咬文嚼字，拿着腔儿，哼哼唧唧的，急的我冒火……（《红楼梦》）
>
> 这堂客有见识，预先<u>把一匣子金珠首饰</u>，一总倒在马桶里。（《儒林外史》）

8 宾语的有定性（下）

难道为我的生日，由着奴才们<u>把一族中的主子</u>都得罪了，也不管罢？（《红楼梦》）

前两个是通指/任指的用法，表示"任何"的意思（"一个"前面可以"补"出一个"任何"）；后两个是"全称"用法，表示"完全""穷尽"的意思（"一总、都"等副词就是这种"完全"意义的证明）。通指/任指和全称相互很接近，因此用同一个语言格式。

8.1.3 "双向语法化"

陶、张（2000）对《儿女英雄传》的观察发现，"把一X"表通指、任指和全称的用法占了85%，只有极个别例子是用来引进偶现新成分的。这说明，"把"的虚化程度和"个"与"一个"的变化，两者是密切相关的。具体来说，当"把"在早期保持着一般及物动词的特征时，"把"后面的"一个"只是用来标志新的话语成分的，"把个"只是"把一个"的简化格式，两者在语义和语用上的对立不明显。随着"把"的虚化程度的增高，"把"的用法范围扩大了，"把"和"一个"的结合逐渐产生了质的变化，"一个"本身也起了变化。这种两者相互影响，同时发生变化的现象称作双向语法化（double grammaticalization）。在这个双向语法化的过程中，"把"所产生的变化是引进的对象的范围扩大了，即从原来的引进新的话语成分的功能到引进非新的话语成分,逐步到已知信息(施事成分)。对"把"字后面的"一个"来说,既然标志新的话语成分已经不是一个主要的功能,"一"与"个"这种"数+量"组合模式也可以被打破,由此简化为一个孤立的"个"。因此才有"把个"数量的不断上升。进一步发展下去,当"把"字后面引进的对象扩展到施事宾语时,"个"可以单独跟指人专有名词结合,构成"把个宝钗气怔了"这样的格式。

"把一个"的另一方面的变化是保持这种组合的形式格局,但是在格式中引进通指/任指和全称的用法。"一个"本身表示通指,任指和全称并不是到近代汉语后期才出现(吕叔湘1944),可是这种用法出现在把字句中似乎在《儒林外史》和《红楼梦》才见端倪,到了《儿女英雄传》达到高潮。

综上所述,近代汉语中"把一个"是原式,在此式基础上至少产生了两个变化。一是"把个"的产生。"把一个"和"把个"在早期共存,性质大致也是一样的。后来由于"把"本身虚化程度的提高,导致"把"后面的数量结构也进一步简化,"把个"这种组合也更加常见。"把个"的用法在后期的增加应该说只是一个表面现象,其实质是"把"字语义的变化和扩展后的把字格式篇章作用的变化，即原来的动宾性很强的"把一个"多用来引进偶现新成分，扩展后的"把个"专注于描写外在事物如何导致人物的心理情绪的变化。另一个变化是"把一个"自身的功能扩展，即从一般的"处置"意义引入通指/任指和全称的意义。

8.2 现代汉语中的无定式把字句

看清无定把字句在明清两代的发展，会发现到现代汉语发生了很大的变化，不管是"把一个"还是"把个"，都相对稀少。可以说，这种格式只是在近代汉语的晚期呈兴盛之势，可是到了现当代汉语已经不是主流形式了。以下分别讨论现代汉语中"把一个"和"把个"这两种无定把字格式的构成和功能。

8.2.1 现代汉语中的"把一个"

现代汉语中的"把一个"在很大程度上是继承了近代汉语的特征，也就是说，它可以表达至少这样几种不同性质的东西：

1. 表全称的：

他恨不得把一肚子玩艺儿全都掏给孙子，一口气把孙子吹成个羊把式。（浩然《夏青苗求师》）

说把字句

2. 表通指的:

听说能手能把一张画儿揭成两幅,画儿韩莫非有此绝技?(邓友梅《寻访"画儿韩"》)

数学教员外号"杨半本",他讲代数、几何,从来没有把一本书讲完过,大概后半本他自己也不甚了了。(汪曾祺《徙》)

3. 表数目的。"一"本来就是个数目字,"一个"组合常常引申出各种语法作用,包括类似冠词的作用(吕叔湘1944),"一"原本的数目意义都还或多或少地保留在里边。我们这里列出这个类别,主要是想说明,在有些情况下,"一个"的后起的语法意义并不那么显豁,而表达数目意义比较突出。如:

"这么着也行,"祥子的主意似乎都跟着车的问题而来,"把一辆赁出去,进个整天的份儿。那一辆,我自己拉半天,再赁出半天去……"(老舍《骆驼祥子》)

4. 无定成分的标记:

那时候有庆刚把一篮草倒到羊棚里,羊沙沙地吃着草,那声响像是在下雨,他提着空篮子站在一旁,笑嘻嘻地看着羊吃草。(余华《活着》)

天佑太太把一根镀金的簪子拔下来:"卖了这

8 宾语的有定性（下）

个，弄两斤白面来吧！"（老舍《四世同堂》）

本章开头谈到，有定无定和已知未知信息是两套不同的概念。根据 Chafe（1987，1994）的说法，我们把有定无定看作是一个纯粹语法形式的问题："一、个、一个、几"等形式代表无定，"这/那+名"、专名等代表有定。判断已知信息和新信息主要是看名词所指是否在上文已经出现过。有的名词所指在上文没有出现，可是能够从已经出现过的名词所指推测出来，Chafe 称之为半激活概念（semi-active concept）或易推信息（accessible information），Prince（1981）称之为能推信息（inferable）。上述"把一个"的四种用法里，前两种都不是通常表示新信息的典型形式：第一种表全称的，由于指的是一个确定的范围，应该算是易推信息；第二种表通指的成分跟表全称的很接近。通指成分在表面上可以说是新的信息，因为在它之前，至多是出现过一个相关的个体，而这时说话人举出整类来通论，显然是带有"新意"的；但是，通指成分没有在话语中引进新的实体，只是激活了听话人意识里已有的一个类别。因而通指成分具有"半新半旧"或半激活的特点，应该也属于易推信息而不能算全新信息。

值得讨论的是第三种和第四种。这两种类型一般是

说把字句

作为代表新信息的典型形式,尤其是第四种,上面例子清楚地显示了新信息的引入和被回指的话语过程("一篮草……吃着草","一根镀金的簪子……这个")。但是,这样用法的时候是不是都有引入新信息的作用?进一步问:是不是以引入新信息为常态?

检索大量语料以后发现,在无定式把字句的实例中,像这样具有清楚的话题连续性的只是少数。更多的情况是,"把"后名词既不回指前面的什么成分,也不被后边的任何成分回指。也就是上文所说的偶现新成分:

> 他立刻去开门。可是急忙的收回手来。他须小心,他知道日本人的诡计多端。他转了身,进到院中。把一条破板凳放在西墙边,他上了墙头。双手一叫劲,他的身子落在二号的地上。(老舍《四世同堂》)

这是叙述一个人的连续行为,"把"后名词"一条破板凳"在所处的言语片断中,虽然是新信息但并不属于引进事件的主要参与者。

陶红印、张伯江(2000)的统计表明,现代汉语里,无定式把字句的各种用法中,表通指(以及全称)的和表达偶现的新信息的用法是主流。

8 宾语的有定性（下）

通指性名词出现频率最高意味着什么呢？陶、张（2000）考察了现代书面汉语中极为典型的一种独立于特定语境之外的语体——词典的释义语言。结果发现，在《现代汉语词典》的释义语言中，除个别特殊情况以外，所有"把一个N"形式都是表通指的。例如：

【转达】把一方的话转告给另一方。
【重读】把一个词或一个词组里的某个音节或语句里的某几个音节读得重些，强些。
【洗劫】把一个地方或一家人家的财物抢光。
【黄金分割】把一条线段分成两部分，使其中一部分与全长的比等于……

词典释义讲的都是一般情况，很少有较多的上下文，更没有特定的说话情境，所以说这种语体比较清楚地凸显了句式的无标记意义。这项调查的结果说明了通指意义在无定式把字句里的基本性。

通指性还可以解释"一个+专有名词"现象。通指的实质是类意义。以下几个例子透露了"一个+专有名词"所获得的类意义：

正因为这一切，白书记宁肯暂时把<u>一个哪怕是</u>

说把字句

<u>大坏蛋的马某人扶上台</u>,也不忍心伤害了郑全章。(邹志安《哦,小公马》)

这时他躺在炕上,光顾抽大烟,<u>把一个老实巴交的老田头晾在一边</u>。(周立波《暴风骤雨》)

我们坚信各成员通过共同努力,加强合作,一定能够克服东亚金融危机所造成的暂时困难,迎接经济全球化和知识经济的挑战,<u>把一个发展前景广阔的亚太地区带入新的世纪</u>,为本地区和世界的发展与繁荣做出更大的贡献。(《人民日报》1998年11月20日社论)

双方一致认为,<u>把一个健康、稳定、持久的中日关系带入新的世纪</u>,符合两国人民的根本利益,也将对亚太地区和世界的和平与发展产生积极贡献。(《人民日报》1998年12月1日社论)

例中说明性的定语"哪怕是大坏蛋的""老实巴交的""发展前景广阔的"和"健康、稳定、持久的"划定了一种类别,后面的专有名词不过是例示这种类别的一个成员;或者是把名词所指归入这个类别,反映了说话人的一种期待。

吕叔湘(1944)对人名之前带"(一)个"的现象曾经做出解释,他指出"自尧舜以下,若不生个孔子,后人去何处讨分晓?孔子后若无个孟子,也未有分晓"(《朱子语类》),这句话的意思等于"生孔子这么个人……没有孟子这么个人……"吕先生清楚地把该种用法归结为"类"意义,也就是"通指"意义。

8.2.2 现代汉语中的"把个"

现代汉语里"把个"不仅在出现频率上呈萎缩趋势,用法也发生了明显的变化。首先,近代汉语"把个"格式中的谓词成分常见的是不及物心理动词(即兼有"他动"和"状态"的动词),而在现代汉语的格式中,动词大多数为及物动词:

金三爷不能<u>把个</u>常叫"打倒日本鬼子"的小外孙子带着到处跑……(老舍《四世同堂》)

正是历史上最乱的时候。工地上工伤不断,那回,从三米高的地方掉下东西,顿时<u>把个娃子打得七窍流血</u>,眼看着就不行了。(张辛欣、桑晔《北京人·龙门阵》)

从"个"后面的成分来说,除了专名外,名词成分类型也扩大到非指人的类别:

临走,贾凤楼<u>把个红纸包</u>塞在那五手中说:

"进茶社给小费,总得花点。"(邓友梅《那五》)

  曾作过一任知县,却缺少处理行政能力,只想改革,不到一年,却<u>把个实缺被自己的不现实理想革掉了</u>。(沈从文《一个传奇的故事》)

在句子格局方面,晚期近代汉语的"把个"句常常表现为零主语,句子表达的是主体受外在事件的影响而产生了某种心理情绪变化。因为该事件通常在上文已经给出,在把字句开头没有用一个语词来代表。现代汉语的"把个"句常常有主语。

上文说过,在近代汉语里(特别是近代汉语后期)"把个"这种格式常常用于表达人物的心理情绪变化。这种用法在现当代汉语里几乎已经看不到了。失去了这个曾经是最重要的功能以后,"把个"在现代汉语里似乎失去了它的立足点,于是我们看到,它在语体分布和表达信息类型上一部分是继承了近代汉语用法,一部分是分担了"把一个"的用法,总之没有鲜明的表达功能显现出来。

8.3 无定式把字句的理论蕴涵

  确认无定把字格式在现代汉语中的地位具有相当的

8 宾语的有定性（下）

理论意义。例如，在当代一些形式句法学论著中，有些学者拿一些脱离语境的"把（个）+施事+不及物动词"句（如"没想到那次运动把一个大姐死了"），说明现代汉语把字句的性质（如"把"是一个可以赋值的功能核心；把字句在底层存在着名词移位和动词提升的过程等）（Zou 1993）。值得指出的是，在这样的论著中，无定式不及物把字格式常常被看成是现代汉语中的一个主要、常见类型（Zou 1993）。而陶红印、张伯江（2000）的研究表明，这种格式在现代汉语中几乎是不存在的。在这样的句子的基础上讨论把字句的理论问题不能不说是十分危险的。从另一方面来说，纠缠于这种格式的抽象的生成过程而不顾及它在语言系统中的地位和实际用法，往往会忽略一些很有意义的实质性问题。有些传统描写语法学论著把汉语把字句分成两大类：把字宾语为受事者和把字宾语为施事者。这种分类固然有一定的道理，但是无形中也扭曲（拔高）了无定把字格式的地位。另外，从实际材料的考察结果来看，这种以施受语义关系为核心的分类方法还应该和其他的分类办法结合起来考虑才显得更有意义。例如可以考虑根据把字格式所引进的名词所指的信息性质划分［+已知信息+话题连续性］［-已知信息+话题连续性］［-已知信息-话题连续性］等。他们认为，在句法结构的研究中有必要根据

说把字句

经验材料对所研究的现象在语言现实中的地位做出明确的交代,这种定位工作本身应该成为句法研究的一个有机构成部分。

9 动作的结果性

9.1 致使的结果

最早说到把字句谓语具有结果性的是王力。他说："处置式叙述词的后面有末品补语或形容语，以表示处置的结果。"（王力，1944，119页）他所说的"末品补语"，指的是做结果补语的动词和做趋向补语的趋向动词。他的结论是："处置式不适宜于表示太简单的思想。"王力用这样的例子来说明处置总是有结果的：

紫鹃又把镯子连袖子轻轻<u>褪上</u>。
把酒烫得<u>滚热</u>的拿来。

后来的学者在论述"处置"意义的时候，一直沿用这一说法，如饶长溶（1990，34页）说："'把'字式的处置性是指谓语动词所代表的动作在意念上对'把'字宾语名词表示的事物有所处理，这种处理往往是一种有影响的行为，一种有结果的动作。"他结合实例分析："他把车放在城门西的停车处"，车"在停车处"就是"放车"行为的结果；"把枪拿油布包好"，"好"就是"包枪"的结果。饶长溶甚至认为，把字句动词前加状语和后加补语同样满足语义上的要求，都表示动作的结果性：

> 祥子把头往被里埋。→ 埋到被子里
> 叶老将旧作诗词在《浙江画报》刊载。
> → 刊载在《浙江画报》
> 他把昨晚的事都对他说。→ 说给他
> 我把头一扭，心里嘀咕。→ 扭过头去
> 你别把纸满地扔。→ 扔满地

这代表了一种偏于乐观的观点，即认为吕叔湘指出的"谓语部分的复杂性"与王力发现的"处置行为的结果性"是天然吻合的。叶向阳（2004）却看到了不同的事实，她指出：即使谓语是复杂形式，把字句也不一定成立。比较下面结构平行的 a、b 两组例子：

> a. 把他累病了　　b. *把他走远了
> a. 把书乱扔　　　b. *把书认真看

a. 把马遛遛	b. *把马骑骑
a. 把饭端着	b. *把饭吃着
a. 帮我把屋子收拾一下	b. *帮我把屋子看（kàn）一下

叶向阳认为，把字句谓语形式的这种限制与其语法意义是相关的，把字句的致使性语法意义是决定把字句谓语形式限制的根本原因。可以说，叶文是迄今对把字句语义中结果意义的来历分析得最充分的。

叶文的研究基于普通语言学关于致使语义的观点，这种观点有两个要点：其一，致使不是单事件内部过程和参与者的关系，而是两个或两个以上事件构成一个情景；其二，构成致使情景的事件间存在紧密的"作用—效应"关系，一个事件引发另一个事件，前者为"致使事件"，后者为"被使事件"。叶文分三种情况论证了把字句谓语的"作用—效应"关系。

9.1.1 显性的两个事件的述补式

这些句子的谓语部分都是述补式，述语表达致使事件，补语表达被使事件。致使事件、被使事件都由外显的具体的动词表达。

电话铃把我吵醒。　事件$_1$：电话铃吵我；事

件$_2$：我醒

繁重的劳作把他累弯了腰。　事件$_1$：他累；事件$_2$：他的腰弯

他把菜炒咸了。　事件$_1$：他炒菜；事件$_2$：菜咸

把他吓得钻到了床底下。　事件$_1$：吓他；事件$_2$：他钻到了床底下

他恨不得今儿晚上就把事情弄个水落石出。事件$_1$：弄；事件$_2$：事情水落石出

我把闲人统统轰出去。　事件$_1$：轰闲人；事件$_2$：闲人出去

我把腿搭在练功杆上。　事件$_1$：搭腿；事件$_2$：腿在练功杆上

由于有"事件$_1$"的显性存在，"事件$_2$"作为被"事件$_1$"导致的结果，其间的关系是很清楚的。

9.1.2　隐性的两个事件的述宾式

述宾式把字句不像述补结构那样有显性的两个动词，但叶文认为，仍然不难分析出两个事件的"作用—效应"关系来。例如：

把笔扔桌上。　事件$_1$：扔笔；事件$_2$：笔到桌上

回去取钥匙吧，又把我爸锁屋里了。　事件$_1$：

锁门；事件$_2$：我爸在屋里

她怕由她把阿梅的死讯告诉小沈。 事件$_2$：消息传到小沈那里

他把书给了图书馆。 事件$_2$：书到了图书馆那里

他把花瓶里插了花。 事件$_2$：花瓶里有了花

他把车上装了土。 事件$_2$：车上有了土

把花布做了裙子。 事件$_2$：布成了裙子

把他的头打了个包。 事件$_2$：头上起了包

把苹果削了皮。 事件$_2$：皮削了，苹果不同了

把大门贴上封条。 事件$_2$：封条移到大门上，大门状态发生了变化

把工资都喝了酒。 事件$_2$：用工资买酒喝，并且工资都没了

这些例子里，"事件$_1$"都是显性存在的，"事件$_2$"有的可以看到，如"扔桌上""锁屋里"，大多数是看不到的，叶文给出的解说都是从意义上推导出来的。

9.1.3 隐性的两个事件的单动式

这一类也跟上一类相似，"事件$_1$"显性存在，"事件$_2$"大多是看不到的，同样需要从意义上推导出来。所不同的，上一类的意义推导，依据的是后面的宾语名

说把字句

词，这一类依据的是动词所反映的状态：

> 这写小说不就是把汉字串起来么？ 事件$_1$：串汉字；事件$_2$：汉字成串连接
>
> 静了好一会，陈毅又把扇子摇起来，主意打定了。 事件$_1$：摇扇子；事件$_2$：动作达成时相
>
> 把坑填了。 事件$_1$：填坑；事件$_2$：坑不存在了
>
> 我建议今儿就把那本书买了。 事件$_1$：买书；事件$_2$：买书这件事了结
>
> 把门开着。 事件$_1$：开门；事件$_2$：门处于敞开的状态
>
> 把稿子看过了。 事件$_1$：看稿；事件$_2$：稿子作为信息载体的价值对看者发生了变化
>
> 把马遛遛。 事件$_1$：遛马；事件$_2$：马解除疲劳
>
> 把上衣一脱。 事件$_1$：脱上衣；事件$_2$：上衣脱下了

通过三种情况的解说，叶向阳认为：把字句谓语在语义上由双事件构成，两个事件间存在致使关系。这项研究的独特之处在于，前人谈到把字句谓语的结果意义，只能举那些有补语的例子，也就是她的第一类现象；她的研究却把没有显性表现的结果意义推导出来了。

9.2 完全影响

在此之前，也有主张把字句的"致使"说的，如薛凤生（1989）等。对此，蒋绍愚（1997）的看法是：致使是动结式的性质，不是把字句的功能。因为"把花姑娘急疯了"和"急疯了花姑娘"都表示致使。叶向阳对把字句的致使性如何区别于一般致使句有自己的思考，她认为，把字句和"使"字句都表致使，但表达形式不同。把字句谓语表双事件，其中致使事件一定有词汇表达，被使事件可以隐含；而"使"字句致使事件虚化为纯粹表致使的虚义动词"使"，后面的谓语在语义和形式上都只表单事件：被使事件。一些病句的产生正是由于对这种差别的不了解：

*终于把一个昏迷了五个小时的病人清醒了过来。
*要努力提高全民族科学文化水平，把我们国家尽快跨入世界先进行列。

上面句子的谓语只含被使事件，因而不能用于把字句，把"把"改成"使"就对了。

把字句的致使性解释终归是一种"宽"解释，与此同时，也存在一种"窄"解释，那就是，更看重把字句谓语的结果意义，更看重谓语中体现的"完全影响"意义。这个观点最早是戴浩一（Tai 1984）提出的，据孙朝奋（Sun 1996）引述，这种观点认为，跟相应的动宾句比较，把字句不仅表示了时间上的有界性，更重要的在于谓语语义的"高及物性"（high transitivity），具体的表现，就是受事"完全受影响"（total affectedness），例如：

*他把汤喝了，可是没喝完。
他喝了汤了，可是没喝完。

这对例子显示，"他喝了汤了"，汤不一定已经喝完，"他把汤喝了"要理解为汤已经喝完。这种"完全影响"的意思从何而来？张伯江（2000）认为这个现象是对把字句"变换观"的最大挑战，因为"变换观"的一个基本假设就是变换前后句子组成成分之间的语义关系始终维持不变。从"构式语法"（Construction Grammar）的观点看，构式的语义不是完全能从组成成分及已有构式的语义自然推导出来的，变换的观点常常会引导我们忽略掉一些构式自身的重要特点。看一个可以跟一般"主动宾"句"自由"变换的例子：

9 动作的结果性

> 他喝了酒。→ 他把酒喝了
>
> 他用了钱。→ 他把钱用了

右侧的例子明显带有一种"完全"的意义（酒全喝掉了，钱全用尽了），而左侧的例子不仅没有这种寓意，还倾向于理解成"非完全"的意义。表现在句法上，可以观察到这样的制约：

> *他全/都喝了酒 ：他把酒全/都喝了
>
> 他喝了一些酒 ： *他把一些酒喝了
>
> *他全/都用了钱 ：他把钱全/都用了
>
> 他用了一些钱 ： *他把一些钱用了

张文用认知语言学的"邻近便是影响力的加强"的原理（Lakoff & Johnson，1980）来解释把字句"完全被影响"意义的来源。"完全作用"和"部分作用"的对立既是一种语义的对立，也是语法的对立，许多语言事实反映了这个特点，如英语里：

a. I loaded the hay onto the truck.（我把干草装在卡车上。）

b. → I loaded the truck with the hay.（我把卡车装上

干草。)

a. We sprayed paint on the wall. (我们把油漆喷在墙上。)

b. → We sprayed the wall with paint. (我们把墙上喷上油漆。)

一般认为两句的 a 例含义里有"全部干草""全部油漆"的意思，而句 b 有"整个卡车""整个墙面"的意思。英语和汉语一样是用词序手段来表示完全影响意义的：动词离宾语距离越近就越容易实现对宾语的影响，也就越容易使宾语完全受影响。这一点可以很好地解释两例英语的情况，更是汉语把字句的恰当解释：受动事物贴在动词前面出现，一方面是为满足"在行为之前确定目标"的要求，另一方面也是让该事物贴近动词的最佳策略——因为动词后面最有竞争力的首先是"体"等成分，宾语靠"另辟蹊径以接近动词"（吕叔湘，1944），这样，动词前的受动事物就具有了比动词后的更高的被影响力。

沈家煊（2002）对此有所质疑，他说：但是有一些把字句动词后可以带吕叔湘（1948）所说的"偏称宾语"，如"把一盏酒淹一半在阶基上""怎肯把军情泄露了一些儿"，淹的显然不是全部的酒，泄漏的也不是

9 动作的结果性

全部军情。吕叔湘还指出,有些带偏称宾语的把字句换成动宾句反而不自然,如"砍了你的一根竹子"就不如"把你的竹子砍了一根"自然。张伯江(2014)认为这并不能说明"把"字编码的不是完全受影响的角色,否则为什么不说"把一盏酒的一半淹在阶基上""把一些儿军情泄露了"呢?可以看如下对比:

炸弹把教室楼炸坏了一个角。
→? 炸弹把教室楼的一个角炸坏了。
→* 炸弹把一个角炸坏了教室楼。

他随手把这本杂志翻了几页。
→? 他随手把这本杂志的几页翻了。
→* 他随手把几页翻了这本杂志。

我已经把这段唱词录下音来。
→? 我已经把这段唱词的音录下来。
→* 我已经把这段音录下唱词来。

请你今天就把这个报告起个草。
→? 请你今天就把这个报告的草起了。
→* 请你今天就把草起个报告。

> 我已经把大门上了闩。
> →? 我已经把大门的闩上了。
> →* 我已经把闩上了大门。

> 把这块地分成三小块。
> →? 把这块地的三小块分成了。
> →* 把三小块分成这块地。

以上对比可以说明:"把"字在语法上并不用于编码部分受影响的成分。

9.3 直接影响

如果只是强调句式里谓语的结果性和宾语的受影响性,那么汉语里至少还有被字句也具有这些特点。张伯江(2001)论证,把字句和被字句在"直接影响"和"间接影响"意义上有一定的差异。

首先,被字句所能容许的动词范围比把字句宽,有些感知类动词不能出现在把字句里却可以出现在被字句里:

> 敌人发现了侦察员。　我知道了那个消息。

9 动作的结果性

> *敌人把侦察员发现了。　*我把那个消息知道了。
> 侦察员被敌人发现了。　那个消息被我知道了。

"发现、知道"这样的动词所表示的行为并不直接对目标物造成影响,不能出现在把字句里是合乎我们前面讨论的规律的,却能出现在被字句里,意味着什么呢?细细想来,使用这些动词的被字句还有其他意味,看如下对比:

> 我知道了你的密码。我知道了你的名字。
> 你的密码被我知道了。*你的名字被我知道了。

在社会生活中,"名字"是一个人最为公开的信息,可以说取名就是为了让人知道的,所以一般情况下知道了谁的名字并不对他产生什么影响;"密码"则是一个人最为隐秘的信息,一旦让别人知道它就失去了隐秘性,对人的影响十分严重。再如:

> 他的纸条被老师看见了。
> *他的纸条被房上的猫看见了。

设想这是考试作弊时的一个细节,任何人或动物"看见

说把字句

纸条"都不真正影响"纸条",受影响的只是作弊者"他",是否受影响取决于是"老师"看见还是无关的"猫",这说明,相同的动词、相同的语义关系并不能完全决定句子的合法性,句式成立与否不是完全由动词决定的。

于是概括出一个特点:被字句的"影响性"可以不是针对那个受事名词的,而是针对当事人的,"他的纸条、他的密码"都分别是事件主体"他"的转喻(metonymy)形式。把字句则没有这个特点,事件的影响力仅限于受事本身:

*我把你的密码知道了。
*老师把你的纸条看见了。

这样的句子不能说,让我们知道,把字句只关心宾语受没受影响。可以说,把字句里"把"的宾语只能是直接受影响者,而被字句里相对应的"被"的主语既可以是直接受影响者又可以是间接受影响者。

被字句里的间接受影响者可以通过这种方式出现在句子的主语位置上,相应的把字句却不可以:

他被人家知道了密码。*我们把你知道了密码。

9　动作的结果性

他被老师发现了纸条。*老师把他发现了纸条。

这就是因为把字句"把"的宾语必须是直接受动词影响的,不能是间接受影响者。"我们把橘子剥了皮"是直接剥的橘子,"我们把你知道了密码"知道的不是"你";"我们把他开除了队伍"是直接开除的"他",而"老师把他发现了纸条"发现的不是"他"。

10　句式的处置义

10.1　处置说溯源

王力（1943）提出"处置"的说法：

> 在普通的结构里，目的位是放在叙述词的后面的，例如："我烧了那一封信。"有时候，咱们也可把目的位放在叙述词的前面，只须在叙述词的原来位置加上一个助动词"把"字或"将"字，例如："我把那一封信烧了。"
>
> 但是，这两种叙述并不是完全同意义的。前者是普通的叙述，后者是在叙述之中，同时表示这行为是一种处置或支配。因此，像"我把那一封信烧了"一类的句子可称为处置式。

王力首先对"处置"做了正面的阐释：处置式是把人怎样安排（"把你林姑娘暂且安置在碧纱厨里"），

10 句式的处置义

怎样支使("等我把云儿叫了来,也叫他听听"),怎样对付("我把你膀子折了");或把物怎样处理("便把手绢子打开,把钱倒出来""你把那穿衣镜的套子放下来"),或把事情怎样进行("那妙玉便把宝钗、黛玉的衣襟一拉")。

然后又做了反面的说明:

> 它既然专为处置而设,如果行为不带处置性质,就不能用处置式。例如"我爱他"不能说成"我把他爱";又如"桃树开花"不能说成"桃树把花开"。
>
> 处置式又专为积极的处置而设,所以"把"字后面不能用否定语。例如咱们只能说"我把那一封信烧了",不能说"我把那一封信不保存";只能说"等我把云儿叫来",不能说"等我把云儿不叫来"。

其实,处置说的局限,王力一开始就意识到了,他举了一些用处置解释不了的例子,认为是"处置的活用",不过也指出活用是有条件的:"有时候,处置式并非真的表示一种处置,它只是表示此事是受另一事影响而生的结果。这种事往往是不好的事,或不由自主的事。"例如:

说把字句

> 谁知接接连连许多事情,就把你忘了。
> 把牙栽了,那时候才不演呢!
> 你何必为我把自己失了。
> 你出去自站一站瞧,把皮不冻破了你的!
> 小红不觉把脸一红。
> 把我那要强心,一分也没有。
> 偏又把凤丫头病了。

对王力的"处置说"及其限制的归纳,最早提出例外的是吕叔湘(1948)。他指出王力所论因为与处置意义不合而不能用把字句的五种情况里,至少有三种是有例外的:

王力说表示精神行为的动词不能进入把字句(我爱他→*我把他爱),吕叔湘举出的反例是:

> 这么一来,他可要把你恨透了。
> 盼来盼去,总算把这一天盼到了。
> 你把这句话再想想看。

王力说行为不能使宾语改变状况的时候不能用把字句(我上楼 → *我把楼上),吕叔湘举出的反例是:

10　句式的处置义

把三百级台阶一口气走完。
你把这个留着自己用吧。
把安老爷上下打量两眼。

王力说行为是一种意外遭遇的情况不能用把字句（我拾了一块手帕 → *我把一块手帕拾了），吕叔湘举出的反例是：

把日子误了。
把机会错过了。
把姑娘的东西丢了。
先把太太得罪了。

吕叔湘认为处置意义只是把字句使用的一个消极方面的原因，积极方面看，还应该是结构原因（见本书第二章）。吕叔湘说："把字句式初起的时候也许是并没有特殊用途的一种句法，但是它在近代汉语里应用的如此之广，主要是因为有一些情况需要把宾语挪到动词之前去。同时，有两个重要的消极限制：第一，宾语必须是有定性的；第二，动词必须代表一种'作为'，一种'处置'。"

胡附、文练（1957，124页）进一步质疑处置说。

他们说:"'处置式'的说法是比较勉强的,因为把字句不一定表示处置的意义,许多没有处置意义的意思,在我们语言里也常常用把字句表示出来,例如:墙上那枚钉子把我的衣服撕破了/好孩子,你把我的心都哭乱了/这次病把我折磨得苦了。这些就丝毫没有处置的意思。"

宋玉柱(1981)认为胡附、文练对"处置"含义的理解"是比较狭隘的",他说:"在他们看来,所谓处置就是人有意识有目的地对某种事物所做的处理,不这样,就不成其为'处置'。因此,'钉子把衣服撕破了'不能成为处置:钉子怎么会处置衣服呢?——应该说,这样理解'处置'是不正确的。它不是从语法角度看问题的。""应该承认,王力先生在提出'处置式'这一术语时,对它的含义解释得不够清楚,以致给人一种印象,似乎'处置'得是人对某种事物的有意识有目的的处理,因此引起一些人的非难。我们认为,所谓'处置'作用,不能简单地就字面理解为人对某种事物的处理,而应理解为:句中谓语动词所代表的动作对'把'字介绍的受动成分施加某种积极的影响,以致往往使得该受动成分发生某种变化,产生某种结果,或处于某种状态。因此,这'处置'是指动词与受动成分之间的关系,并不一定是主语所代表的人或事物的一种有目的的

10 句式的处置义

行为。拿胡附、文练所举的例子来说,钉子固然不会'撕',但这不是语法的分析,语法的分析应该是:'撕'这个动作的确对'衣服'施加了一种积极的影响,以致它产生了'破了'的结果。"

宋玉柱的观点已经滑向了后人的"致使说",虽然更接近语言事实,但这样解释"处置说",就离"处置"一词原本的意义太远了,因为"处置说"如果抛弃主观目的性,就谈不上"处置"了。

10.2 客观处置与主观处置

"处置"意义,如果局限于字面的理解,真可谓是捉襟见肘。正如沈家煊(2009)所指出的,以下事实表明,动词"打"不仅在把字句有处置意味,在动宾句也有处置意味;动词"丢"在动宾句没有处置意味,在把字句中也没有处置意味:

> 我把他打了一顿。　　我把大门的钥匙丢了。
> 我打了他一顿。　　　我丢了大门的钥匙。

20 世纪八九十年代以后的语法论著中,把字句的处置语义成了个讳莫如深的话题,把字句有没有一个可以概括的句式语义甚至成了问题:"致使"过宽,"处置"过窄,人们索性只是从结构角度去描述,有放弃追究句式语义的倾向。但在教学和普及说明工作中,又难免提及"处置"。沈家煊(2002)说:"这说明把字句有'处置'意味的判断还是基本符合我们的直觉。"沈家煊发表于21世纪初的这篇专论"处置"的文章,不仅不回避处置问题,而且,一针见血地指出:"问题的关键在于,要区分两种互有联系又性质不同的'处置',一种是'客观处置',一种是'主观处置'。"二者的区别在于:

> 客观处置:甲(施事)有意识地对乙(受事)作某种实在的处置。
> 主观处置:说话人认定甲(不一定是施事)对乙(不一定是受事)作某种处置(不一定是有意识的和实在的)。

在这样全新的观念下,沈文斩钉截铁地说:"把字句的语法意义是表达'主观处置'。"客观地叙述甲对乙进行了处置是一回事,主观上认定甲对乙进行了处置又是另一回事。主观与客观之间可能一致也可能不一致,就把字句而言,一共有四种情形:

10 句式的处置义

1. 客观上甲处置乙，说话人只是客观地报道这一处置。例如：他喝了一碗酒。他打了她一顿。

2. 客观上甲处置乙，说话人主观上也认定甲处置乙。例如：他把那碗酒喝了。他把她打了一顿。

3. 客观上甲未处置乙，而说话人主观上认定甲处置乙。例如：他把大门的钥匙丢了。他把这句话又想了想。这可把花姑娘急疯了。

4. 客观上甲未处置乙，说话人主观上也未认定甲处置乙。例如：他丢了大门的钥匙。他又想了想这句话。这可急疯了花姑娘。

2 和 4 是主客观一致的情形，1 和 3 是主客观不一致或不完全一致的情形。不管客观上甲是否处置乙，只要说话人是这么认定的，就用把字句（2 和 3），说话人不这么认定，就用动宾句（1 和 4）。"主观处置"的概念不同于"宽泛意义上的处置"，"主观处置"的核心是"说话人认定"，即便是"狭义的处置"，说话人仍然可以不认定有处置（如 1）。也可以认为主观性是个程度问题，不可能有不带任何主观性的语句。不过可以肯定的是，动宾句 1 和 4 的主观性弱于对应的把字句 2 和 3。

沈家煊得到这个全新的看法，显然是现代语言学"主观性"（subjectivity）理论的影响所致。Lyons

（1977：739）对语言的主观性有这样的说明：在话语中，多多少少总是带有说话人"自我"的表现成分，也就是说话人在说出一段话的同时还表明自己对这段话的立场、态度和感情，从而在话语中留下自我的印记。已有的研究表明，语言的"主观性"主要表现在三个方面：说话人的情感，说话人的视角，说话人的认识。这三个方面互相联系，经常交织在一起。（参看 Finegan 1995；沈家煊，2001）把字句的主观性在这三个方面都有体现，沈文通过把字句与动宾句的比较来逐一做了论证，以下详述沈文的例证和论述。

10.3 把字句的主观情感

主观性在不同的语法形式上表现各有侧重，把字句的"主观性"首先体现在说话人的"情感"上。"情感"包括人的感情、情绪、意向、态度等，表情功能是语言的基本功能之一，不次于常说的指称功能和表述功能，语言中形态句法的许多方面都可能有情感表现（沈家煊，2001）。把字句的表情功能主要体现在"移情"（empathy）现象上。Kuno（1987：26）把"移情"定义为：说话人将自己认同于他用句子所描写的事件或状态中的一个参与者。

10 句式的处置义

讲到"移情",论著中常举的例子是:

> 张刚打了文丽。
> 张刚打了他的太太。
> 文丽的丈夫打了她。
> 文丽被张刚打了。
> 文丽被她的丈夫打了。

同样是丈夫张刚打老婆文丽这一事件,说话人的"移情"对象可以是张刚,也可以是文丽。所谓"移情"就是说话人将自己认同于他用句子所描写的事件或状态中的一个参与者。第一句是纯客观的报道,而下面从第二到第五句则是说话人的移情对象逐渐从张刚移向文丽。用"他的太太"来称呼"文丽"是同情"张刚",用"文丽的丈夫"和"她的丈夫"来称呼"张刚"是同情"文丽"。将主动句变为被动句也是将移情对象从"张刚"移到了"文丽"。

就把字句而言,说话人移情于一个处置事件的参与者,常见的结果是,在说话人的心目中,施事成了责任者,受事成了受损者。沈家煊(2002)讨论了一个古汉语的例子:

说把字句

> a. 秦亦不以城予赵,赵亦终不予秦璧。
> b. *秦亦不予赵城,赵亦终不以璧予秦。
> c. *秦亦不以城予赵,赵亦终不以璧予秦。

"以"字句是汉语处置式的早期形式,a 句来自《史记·廉颇蔺相如列传》。问题在于,这里前一句用以字句,后一句用动宾句,原因何在?如果只是为了避免句式重复,为什么不反过来说成 b?沈家煊认为,a 句前后句式的变换用主观"移情"的概念很好解释:在司马迁看来,秦不以城予赵,责任在秦,所以用以字句为宜;赵终不予秦璧,责任不在赵,所以用动宾句为宜。

再如《老残游记》里的一个例子,开头用的虽然不是动宾句而是受事主语句,但是和后面的把字句相比,说话人移情于翠环的行李,差别是十分明显的:

> 我的(行李)烧去也还罢了,总是你瞎倒乱,平白的把翠环的一卷行李也烧在里头,你说冤不冤呢?(《老残游记》)

从这个视角看问题,可以解释一些结构平常而意味反常的现象。沈文看到报纸上有这样一则体育新闻的标题:

10 句式的处置义

意大利队把德国队赢了。

他说:标题一般都用动宾句"意大利队赢(了)德国队"。看了详细报道才知道,原来意大利队本来想踢假球,跟德国队踢平,或输给德国队,结果不小心却赢了德国队。于是在这位记者的眼中意大利队成了责任者,德国队成了受损者,因此用了把字句。把字句有"追究责任"的意味,本书6.2有较详细讨论。

前面说到"张刚打了文丽"和"文丽被张刚打了"同情的对象不一样,这就涉及把字句和被字句里"同情"和"不如意"该怎么理解的问题了。沈家煊说:正因为有一个参与者(受事)在说话人心目中是受损者,所以把字句常常有不如意的含义。但是必须明确,所谓"不如意"是对说话人来说不如意。汉语中的被字句有较强的不如意含义,王力(1943)认为被字句表达的不如意是"对主语而言"的,但是李临定(1980)指出,"不是针对主语的,也不是针对句子里其他成分的,而是对说话人(未进入句子)说来是这样的",例如:

好的(姑娘)都叫人家挑完了。(赵树理)
你进去,把小缸儿藏起来,省得(小缸儿)教四嫂看见又得哭一场。(老舍)

说把字句

客观上"被人挑完"对"好姑娘"来说是好事,"被人看见"对"小缸儿"来说无所谓如意不如意,不如意都是对说话人而言的。第二个例句"小缸儿"同时是把字的宾语,正好说明把字宾语也是说话人的移情对象。

刘一之(2000)对比了以下两个动宾句和把字句各自的语义要点:

> 你去遛遛马。(你去干遛马这个工作)
> 你去把马遛遛。(马的精神好了)

在沈家煊看来,这也正是移情效应:把字句里的"马"显然是说话人钟情的对象。

"移情说"可以解释以往观察把字句时的多种倾向性的发现。比如,以往人们发现的"完全受影响"倾向,沈家煊认为根本动因是受事成为说话人的移情对象:"完全失去的东西又比部分失去的东西更容易获得同情,因此有'他把汤喝了'和'他喝了汤了'语义上的差别。"再比如,以往人们也常说把字句有"丧失义"倾向:把首饰当了/*把首饰赎了,把书还了/*把书借了,把钢笔丢了/*把钢笔拾了(吴葆棠,1987),沈家煊认为:"合理的解释仍然是说话人把受事看作同

10 句式的处置义

情的对象:人一般寄情于想得到而没有得到、得到了而又失去的东西。"

以往研究把字句"把"字宾语的语义角色时,很多人看到了处所成分也能充任,一直也没得到很好的解释。比如下面这两个例子,其中的"把"字都可以换用"在"字,似乎标示着宾语的处所身份:

> 你把火盆里多添点炭。(《老残游记》)→ 在火盆里多添点炭
>
> 这地方人起乳名,常把前边加个"小"字,像小顺,小保……等。(《李有才板话》)→ 在前边加个"小"字

沈家煊指出:移情对象主要是说话人"同情"的对象,还可以是"钟情"的对象,比如《红楼梦》24回里贾芸央求凤姐,想得到在园子里种花种树的差事时说"先把这个派了我罢,果然这个办得好,再派我那个",显然是钟情于所要的这份差事,要是说成"先派我这个罢"就显得怪怪的,至少要用对比重音才能体现一点钟情意义,远不如把字句直接显示钟情所在。因此,上面两句在"火盆里"和"(乳名)前边"用"把"字而不是用"在"字,就表明它们不仅是处所,还是说话人钟

情的对象。

10.4　把字句的主观视角

视角（perspective）是语言主观性的一个重要方面，指的是说话人对客观事件和状态的观察角度，或是对客观情状加以叙说的出发点。以下三个简单的英语祈使句，就显示出了主观视角的不同：

> Let us go.
> Let's go.
> Let's take our pills now, George.

第一句是纯粹地祈使别人："你让我们走吧！"第二句则是把说话人自己也置于被祈使者的位置了："让我们一起走吧！"第三句，虽然说话人并不是被祈使对象，但是说话人把自己和真正的被祈使对象融为一体："乔治，咱把药吃了啊！"第一个句子的主语称作"句子主语"（sentence subject），而后两个句子的主语称作"言者主语"（speaker subject）。沈家煊（2001）介绍说："He has finished"一句有两种意思，一是单纯表示动作完成的客观结果，一是"完成体"，其语法意义是动作的完成跟当前有关。单纯表示结果时,是以语法主语 he "他"为出发点,"他"是客观描写的对象,因此主语和动作完成之间的关系处在客观轴上。变为完成体后,出发点不再是语法主语,而是"言语场景"中的说话人"我","我"是主观识见的实体,是"言者主语","我"和动作完成之间的关系处在主观轴上。

祈使句主语施事要做的事正是说话人想要他做的事,或者是说话人自己也想做的事,因此祈使句表现出说话人和主语施事之间的某种"认同",祈使句的主语往往是"言者主语"。沈家煊(2002)发现,由于祈使句跟陈述句相比带有较强的主观性,下面二例中把字句都是祈使句,而对应的动宾句都是陈述句:

> 麝月笑道:"……你把那穿衣镜的套子放下来,上头的划子划上。"……(宝玉)便自己起身出去,放下镜套,划上消息。(《红楼梦》)
>
> 他说:"你就把它给我吧!"……我给他折扇时,他握了握我的手,握得好使劲。(《一百个人的十年》)

带有主观意义的祈使句"把那穿衣镜的套子放下来""把它给我吧"用的是把字句,客观描述行为的

说把字句

"放下镜套""给他折扇"用的不是把字句。很好地证明了把字句是带有主观视角的。

状态形容词和性质形容词做把字句谓语时，有自由和不自由的区别：

> 把嘴张得大大的　　　把嘴张大，……
> 把东西抢得精光　　　把东西抢光，……
> 把马路照得又光又亮　把马路照亮，……
> 把那件东西抱得紧紧的 把那件东西抱紧，……

左列的句子是自由的，右列的句子是黏着的，不能独立使用。这显然是因为状态形容词的主观性比性质形容词强。右列的句子如用作祈使句就没有问题了：

> 把嘴张大！
> 把东西抢光！
> 把马路照亮！
> 把那件东西抱紧！

辛东烈（2004）专门研究了现代汉语表示"认同"意义的把字句，即形式为"A 把 B 当作/看作/当成"等格式的句子。这类句子在汉语把字句里占很大的比

10　句式的处置义

例,在辛文看来,这都是把字句主观语义的形式表现。他说:在小说《我是你爸爸》里,马林生是马锐的父亲,马林生不可能对马锐说:"我把你当成亲儿子。"因为这个事实已经是客观上的等同,不需要主观上去认同。如果马林生非常喜欢别人家的某个孩子,他会说:"我把你当成亲儿子"来表示自己的主观意愿,这就是说话人视角的体现——第二个宾语的价值在说话人心目中高于第一个宾语(即"把"字的宾语)。这类把字句总是说话人把一个现实中的事物认同于一个在他心目中价值高于它的事物,以下例子可以看出这类把字句主观视角的普遍性:

她会用幻想去补充她所缺乏的事实,而把仲石的身世,性格,能力等等都填满,<u>把他制造成个最理想的青年</u>。

她知道从此以后,她须把过去的生活——虽然也没有怎么特别舒服自在过——只<u>当作甜美的记忆</u>;好的日子过去了,眼前的是苦难与饥荒。

小儿女已经学会,<u>把一根枯枝当作宝贝</u>。

他一向没遇到过像曹先生这样的人,所以他把<u>这个人看成圣贤</u>。

虎妞,一向不答理院中的人们,可是<u>把小福子</u>

说把字句

看成了朋友。

  公园里的树全在黑暗里鼓动着花草的香味,一点声音没有,把公园弄成一片甜美的梦境。

  我没做过不对起你的事,我一直把你当作好朋友。

下面是视角相反的例子,即看低、看小、看坏的情况:

  他们把中国人看成只配教贪官污吏统辖着的愚夫愚妇——或者猪狗!

  这还不算,日本方面还要把他看成乱党,不一定什么时候就抓到监牢里去!

  他告了饶,我把他当个屁似的放了!

  高第假若觉得自己还是个"无家之鬼",她可是把桐芳看成为关在笼中的鸟——有食有水有固定的地方睡觉,一切都定好,不能再动。

  但是,她不能骂高第,她一向偏疼招弟,而把高第当作个赔钱货,现在,给她丢人的反倒是她的心上的肉,而不是高第。

  当默吟到这里的时节,它的一切还都因陋就简的,把学校变为临时的监狱。

  他忘不了父亲的惨死,于是也就把自己看成最

没出息的人。

这种表示认同意义的把字句,过去一般从结构角度去解释,认为汉语史用把字结构来安排两个可以相比的名词宾语,比普通动宾句方便。但是,考察表明,几乎所有这类句子都有明显的主观视角,不是积极方向的,就是消极方向的。由此可见,主观处置意义是选择把字句的根本动因。

10.5 把字句的主观认识

除了情感和视角外,语言的主观性还可以从"认识"去观察,把字句也是如此。这里所说的"认识"主要跟语言中的情态范畴有关,所以叫"认识情态"(epistemic modality)。说"小王应该回家",叙述的是客观上"小王"有采取某项行动(回家)的必要;说"小王该到家了"表示的是"认识情态",是说话人根据自己的知识对命题"他到家了"为真的可能性所做出的推测。认识情态不光体现在情态助词上,句式也往往负载着情态性的认识意义,这一点在以往的研究中没有得到充分注意。

张旺熹(1991)是汉语学界以结构主义为主导时期

里最早的从语篇视野观察把字句使用规律的一篇文章。他注意到，把字句"总是出现于由于某种原因而需要执行某种特定的动作行为，以达到一定的目的"这样的语境中。他把各种语句形式归纳为四种：

1. 标准语句形式：原因+把字结构（手段）+目的

听见唱歌的，就改变计划（原因），<u>把车赶过来</u>（手段），先听听再说（目的）。

2. 致使意义语句形式：原因+把字结构（结果）

鲁侍萍接过支票（原因），<u>把它撕了</u>（结果）。

3. 引导意义语句形式：把字结构（手段）+目的

<u>把李子俊的果园分了</u>（手段），就打破了你看园子这饭碗（目的）。

4. 相对独立的语句形式：强调目的性、主观性和结果性

<u>我要给自己把幸福争过来</u>。/<u>必须把赶路的大嫂护送回家</u>。

张旺熹（1991）的结论是：把字句"始终处于一个明确的因果关系（包括条件关系、目的关系）的意义范畴之中，当人们强调这种因果关系时，便使用把字结构

10　句式的处置义

的语句形式。"应该说,在以往把字句研究只集中于孤立句子的大背景下,这项研究把视野扩展到使用把字结构的前后相关句子,是一个重大的进步。但这一进步的核心意义在哪儿?只有到了沈家煊(2002)系统地用主观性的理论来全面观察把字句,才得以确认其理论价值。

沈家煊(2002)说:当我们说主语为某一目的而处置某一宾语时,除非主语就是"我",实际上都是说话人推断主语为某一目的而处置宾语。例如:

> 现在,他<u>把眼瞪圆了</u>,自己摸着算盘子儿,没用。(《牛天赐传》)
> <u>他把汗湿的手掌紧紧捏成拳头</u>,仍然克制不住周身簌簌地颤抖。(《人到中年》)

"眼"本来是自己"瞪圆"的,可是说话人认为是被他"瞪圆"的,瞪圆的目的是摸算盘子儿,如果去掉把字说成"他眼睛瞪圆了"就没有主观处置义了。同样,第二例客观上他紧捏拳头是无意识无目的的,是说话人眼中他紧捏拳头的目的是想克制颤抖。

沈家煊(2002)据此评论了张旺熹(1991)两个例子:

说把字句

> 我开汽车到语言学院。
> 我把汽车开到语言学院。

张文说,用"目的关系"给外国学生讲解这两句的差别,学生不仅很快理解,并且造出"我把汽车开到语言学院门口等朋友"这样的正确句子。沈家煊认为,与其说是"强调"目的关系,不如说是"说话人主观上认定"。孙朝奋(Sun 1996:75)认为,历史上连动式向处置式转化,目的构式的出现是个关键阶段,他说目的构式是"突出事件施事的意图"。与其说是"突出事件施事的意图",不如说是"说话人推断施事有这样的意图"。

除了目的以外,原因的判定也具有主观性。以往把字句研究中常举的"这种药把他吃死了"例子,从认识的角度来解释,最为恰当:说"他吃了这种药以后死了"就不如用把字句更准确表达了主观的推断。以动补结构表达的因果关系为例,郭继懋、王红旗(2001)将这种因果关系分为"规约性的"和"偶发性的"两类,前者如"睡着""杀死","睡"和"着"、"杀"和"死"之间的因果关系已成为一种固定的认知模式,因此客观性较强;后者如"老王在公园里睡得不会说话了","在公园睡觉"和"不会说话"之间的因果关系

10　句式的处置义

是偶发的,是说话人根据经验推断的,带有较强的主观性。沈家煊(2002)观察到,前者可以用动宾句也可以用把字句,而后者只能用把字句:

  吓破胆子　　　　把胆子吓破
  *吓回去胆子　　　把胆子吓回去
  说急了宝玉　　　把宝玉说急了
  *说没了话贾琏　　把贾琏说没了话

前者用在动宾句和把字句在结构上仍然有差别,例如"说急",用在动宾句像个复合词,中间不能插入"得",不能说"*说得急了宝玉",用在把字句则像个词组,中间能插入"得",能说"把宝玉说得急了"。这种结构上的差别也体现意义上的差别,例如:

  这才提醒大家　　这才把大家提醒

动宾句的"提醒"接近于一个词,句子的意思是"提醒的动作晚了";把字句的"提醒"接近于一个词组,句子的意思是"大家醒悟得晚了"("大家"是受损者)。

  石毓智(2000)在讨论有标记和无标记语法结构时,把汉语的把字句看作有标记的结构:

说把字句

>他把书看完了。
>*这是他把书看完的地方。
>换衣服的时间也太长了。
>*把衣服换的时间也太长了。

在他的一项统计中,把字句出现在句子平面的是370例,在从句平面的只有4例。沈家煊(2002)进一步讨论了这个现象,他举出如下这些同句内形成对比的例子,更说明问题:

><u>把他杀了</u>!不<u>杀他</u>不足以平民愤。
>史湘云笑道:"……明儿倘或<u>把印</u>也丢了,难道也罢了不成?"宝玉笑道:"倒是<u>丢了印</u>平常……"(《红楼梦》)
>不知那里来的一个庄家老子,<u>把那先生放的去了</u>。我问是谁<u>放了这先生</u>来?(《元曲选》)

这种"单独成句倾向于用把字句,充当句子成分倾向于用动宾句"的现象也只有用把字句的"主观处置"义才能解释:一个独立的句子能充分表达说话人的主观感受,句子嵌入句子充当句子成分后主观性就大为减弱。

10　句式的处置义

以往的研究指出,把字句往往有动作或事件出乎意料的含义。如马真(1985)和王还(1985)都指出,把字宾语为无定名词的句子"都含有出乎意外的意思",表示一种"意外的行动",尤其当把字宾语前只带量词"个"而"一"不出现时。(王惠1997,杉村博文2002)沈家煊认为,所谓"出乎意料",是说话人觉得出乎意料,或是说话人认为听话人会觉得出乎意料,从认识上讲就是说话人认为句子表达的命题为真的可能性很小。

> 我要向他借支钢笔,他却把一支铅笔递给了我。
> 忽然,哐当一声,不知是谁把个凳子给撞翻了。
> 倒把个亲女儿叫弟夫人拐了去了。(《儿女英雄传》)
> 怎么公公乐的把个烟袋递给婆婆了?(同上)
> 谁听说过把个抱来的闺女娇惯得像个娘娘似的。(《四世同堂》)

"忽然""倒""却""怎么""谁听说过"等字眼都带有出乎意料的意思。有趣的是,这几个例子都是上一章讨论的无定式宾语的现象。出乎意料的往往是新信息,用无定形式比较顺理成章。再如,王还等学者讨论

183

过的动作前不存在、通过动作而后存在的所指对象,如"生了个孩子""盖了一间屋""织了件毛衣"等句子的问题,始终没有得到最理想的解释。因为从客观上讲,我们不可能对还不存在的事物进行某种处置。但是如果动词带上后附成分,使动作成为一种"意外的行动",客观处置因而变为主观处置,尤其是句中有"总不能""不想"等字眼的时候,把字句反倒是最佳选择了,例如:

> 小张把个孩子生在火车上了。
> 你总不能把房子盖到别人家去吧。
> 小林把一件毛背心织得又肥又长。
> 不想把话又说造次了。

上一章介绍了无定式把字句的来历和种种表义特征,在沈家煊看来,"如果说定指的把字宾语主要体现说话人的情感,那么不定指的把字宾语主要体现说话人的认识。"他进而指出:说把字宾语一般是定指的,这并没有触及问题的实质。实质是,定指成分代表说话人认定听话人可以识别的事物,也就是说,"定指"跟"指示"(deixis)有关。而"指示"本质上具有主观性,跟说话人的视角有关。

10.6 主观处置的解释力

把字句的"处置语义",自从王力先生首先提出,引起大家对把字句句式意义的重视,对处置意义的理解和阐释不断丰富和深化,同时也不断受到质疑和挑战,揭示出这一论断的多种局限和反例。迄今为止,沈家煊充分论证的"主观处置"语义观,是最为全面深入的解释了。对传统问题做出新的解释,怎样才是最为成功的?应该说,有这么几个标准:一是你的解释与所在语言的整体特征相契合,与理论系统相契合;二是你的解释比以往的解释更为简明,把以往看似互不相干的个别概括统一起来,讲清内在的联系;三是能够解释更多的例外,发现新的事实。拿这样的标准看把字句的"主观处置说",明显看出具有极大的优势:"主观处置说"首先是基于对汉语语法主观性表达总体特征的本质认识,借鉴了普通语言学理论主观化论证的方法,揭示了处置意义的实质,使得以往我们所观察到的宾语的有定性、谓语的复杂性、动作的完全影响性以及出乎意料意义和句际因果关系等诸种特点,都得到了具有内在关联的一致性解释。更重要的,是这个观点成功地解释了所谓的"例外",如无定式宾语、不及物动词等问题,对这些

"例外"的处理,不像以往有些研究那么牵强附会,而是向读者展示,这些句例恰好是主观处置语义的合适表达。此外,这种思想还启发了新的观察与发现,如充当句子成分受限制等重要特征。

主观处置观点的提出,不仅是现代汉语共时系统中把字句的最合理解释,还深刻地解释了历史上处置标记的兴替;不仅是对把字句作为一个常用格式的通用性解释,还可以更精妙地解释把字句的语体选择和语用特点。这两点,我们接下来讨论。

10.7 主观处置义与处置标记兴替

王力最初提出处置式时,只承认"把"是处置标记,"'将'字只是古语的残留,甚至于也许是谬误的仿古"。祝敏澈(1957)最早确认了唐代的"将"字句就是把字句的前身,这个观点被包括王力先生在内的汉语学界普遍接受。陈初生(1983)提出:"处置式是否只有把字句和'将'字句呢?汉语句法的这种特性是否到唐代才体现出来呢?我们认为,用介词'以'字提宾的句式是处置式的更早形式。"梅祖麟(1990)引入了新的句式观,结合历史和方言材料,不仅确认"把"字或"将"字的处置式在五六世纪开始出现,重要的是,论

10 句式的处置义

证了其来源：首先，先秦两汉有处置（给）、处置（到）等句式，如"天子不能以天下与人"（孟子），"复以弟子一人投河中"（史记）；到了五六世纪"将"字也用在以前的"以"字句里，于是产生同样结构的处置（给）和处置（到），如"将一大牛卖与此城中人""将尼拘陀树一枝，插于地上"。

处置式的发展和处置标记的兴替，历史语法学者有过很多描述。沈家煊（2002）认为，处置式的主观性和主观化也许是近代汉语史上"捉、取、将、把"等处置介词兴替的原因之一。"可以推测，处置式产生的动因是说话人在表述客观处置事件的同时还要表达自己对事件的主观情感和态度，不然无法解释为什么处置式产生之初多表示不如意的事情。"

对主观性与处置介词兴替的关系，沈家煊是这么看的："表达主观处置是把字句产生的动因，而把字句的发展一方面适应了主观表达的需要，一方面又会导致主观性的减弱……然而主观性的表达仍然是说话的需要，某一个处置介词的主观性减弱后，新的处置介词的产生正好能适应这种需要，这也许是历史上处置介词不断消长兴替的原因。"

这一设想也意味着，如果在一种语言的共时平面上有数个处置介词并存，它们的使用频率和主观性程度肯定是不一样的。于是,他统计了《老残游记》中的处置句,用介词"将"的152句,用"把"字的214句,后者是前者的1.4倍。而这些处置句中的祈使句,用"将"字的仅3句,用"把"字的高达21句,是1∶7。下面是"把"和"将"共现的例子,祈使句都用"把"字,陈述句都用"将"字:

> 只听堂上惊堂一拍,大嚷道:"人赃现获,还喊冤枉!把他站起来!去!"……众人没法,只好将于家父子站起,……
>
> 玉大人凝了一凝神,说道:"……你们去把大前天站的四个放下,拉来我看。"差人去将那四人放下,拉上堂来。
>
> 玉大人说:"……你还想狡强吗?拉下去站起来!——把布匹交还金四完案。"……话说店伙说到将他妹夫扯去站了站笼,布匹交金四完案。
>
> 黄人瑞站在院心里,大叫道:"赶先把那帐箱搬出,别的却还在后!"说时,黄升已将帐箱搬出。

祈使句的主观性比陈述句强,这在前面已经说明,可见在《老残游记》中"将"字的主观处置义已经比"把"字弱得多。"将"在现代汉语的使用范围进一步

10　句式的处置义

缩小，如陶红印（1999）指出菜谱一类的操作说明多用将字句（如"将盐一勺放入锅内"），说明其主观性的程度已经变得十分微弱。

石毓智（2007）观察到"拿"在现当代汉语里有发展为处置标记的趋势，表示"看作""充当"语义的句子是"拿"字比较集中出现的场合：

> 这简直是拿老头子当冤大脑袋！（老舍《骆驼祥子》）
>
> 接受之后，你就完全不能再拿自己当个人。（同上）
>
> 我的姐夫嫌你们没诚意，拿他当外人儿了。（王朔、冯小刚《编辑部的故事》）
>
> 你拿我当土老帽儿？（陈建功、赵大年《皇城根》）

他的观察是："'拿'在表示充当、给予、比较、方法等句式中与'把'字的功能相同，而且它还发展出谓语为熟语的独特处置用法。与此同时，'拿'通过这些句式开始向普通的处置式扩展。"我们清楚看到，"拿"是在主观性表达最强的场合最先产生处置介词用法的。

11 把字句的语用特点

前面几个部分对把字句方方面面的讨论，都指向一个结论：汉语把字句既不是句法过程的结果，也不是一个普通的中性句式。它实在是服务于语用目的、带有特殊语义的一种句式。换句话说，前面的每一个话题，都在证明着把字句的语用属性。这一章，我们讨论把字句的另外一些语用侧面。

11.1 句法隐喻

11.1.1 空间隐喻

"隐喻"本来是个语用概念。认知语言学认为，隐喻不像我们传统上理解的那样，仅是临时性的修辞用法，甚至不仅仅是语言行为，而是一般行为，受一般认知能力的支配。认知语言学认为空间概念是人类认知的关键所在，因此认知语法的主要兴趣就是研究空间关系在语言中的范畴化，具体而言，就是怎么通过句法隐喻

11 把字句的语用特点

和转喻手段从基本的空间关系认知引申出更为抽象的各种说法的。

汉语把字句的认知语用特色可以明确感觉得到,但怎么证明这个句式也是从空间语义引申出来的呢?张伯江(2000)和张旺熹(2001)在这方面做了探索。

张伯江说,典型的受事成分往往是静态的,即作为动作行为的对象而存在的,而对它施加作用的施事成分常常伴随有"位移"特征。不同于典型受事成分的是,"把"字的宾语以自身的位移性为常态。根据缪小放(1991)对老舍十三部作品(660千字)1 619例把字句和自己对王朔四部小说(405千字)里614例把字句进行的统计,谓语形式为动趋式的把字句都是占最大比例的,几乎相当于其他谓语形式数量的总和。张旺熹也发现,面对来自实际语料的2 160个把字句,明确表示物体发生位移的VP结构就有一半,而它们又基本上以方位介词短语和趋向动词为补语标记。这足以说明,空间位移意义是把字句的原型语义。

空间意义是怎么引申出时间意义以及更抽象的其他意义的呢?

语言里最普遍的例子,如多数介词都有空间义和时间义两套用法,往往都是先有空间意义,后引申出时间意义的,如"从东到西 → 从早到晚""往后的道路 →

说把字句

往后的日子"等。把字句的补语常常是表示各种时间意义的,也都整齐地对应于空间表达形式,如:

> 我有这挨人管的义务,我得把这义务尽到年龄,忍到十八。
> 我是为了能把课讲下去。

这些例子里的趋向词"到""下去"清楚地表明时间意义的表达方式是借助空间表达方式实现的。再如以下例子可以看成空间计量方式投射为时间计量方式的情形。支持这种看法的句法证据是,动词后也常常可以补上趋向词:

> 你把昨天的家庭作业再做一遍。
> → 再做 [上] 一遍
> 再把腿和脚冲一下,搓搓脚脖子。
> → 再把腿和脚冲 [上] 一下

跟信息传递及认知行为有关的情况,可以看成从物质空间向话语空间的隐喻。这种隐喻途径的证据,一是可以加上"到"字显示出转移终点;二是可以加上"给"字显示出转移方式:

11 把字句的语用特点

他现在还不想把他的决定立即告诉儿子,暂缓几日。

→ 告诉到儿子那儿/告诉给儿子

我们不是跟你来商量的,而是已经决定了,只是把这个决定通知你。

→ 通知到你这儿/通知给你

这就是认知语言学上讲到的"传导隐喻"(conduit metaphor)的具体表现:把信息看作实物,把交际过程看作传递过程。上述两种句法证据显现了这种认知上的位移意义。

把字句补语为结果补语和状态补语的情况同样可以证明。物质运动的过程不仅是"位置移动"的过程,也是一个"状态变化"的过程。有充分的句法证据证明把字句中结果补语和状态补语就是趋向补语的语义映射,那就是:其一,结果补语一般不能和表示位置变化过程的(即表方向的)趋向补语共现:

马林生坐正,把剩下的烟蒂掐灭。

→ 把剩下的烟蒂掐到烟缸里去

→ *把剩下的烟蒂掐灭到烟缸里去

我知道他能把鸡呀鱼呀的弄熟。

→ 把鸡呀鱼呀的弄到锅里去

→ *把鸡呀鱼呀的弄熟到锅里去

其二，状态补语也不能和描写行为所处方位的趋向补语共现：

母亲在修饰自己的同时也总把他打扮得干干净净。

→ *把他打扮得干干净净在学校里

儿子也仍在他的床上酣睡，毛巾被把身体的中段裹得严严实实。

→ *把身体的中段裹得严严实实在床上

Goldberg（1995，3.4.1）指出，语言中有一个基本的"单一路径限制（Unique Path Constraint）"：

如果论元 X 指称一个实际客体，那么 X 在一个小句里只能经过一条路径。

下面两句话不能说，就是因为英文里这个限制的作用：

a. * Sam kicked Bill black and blue out of the

room. (山姆踢得比尔遍体鳞伤出了房间。)

b. * Sam tickled Chris silly off her chair. (山姆搔得克里斯发傻离开椅子。)

她解释说，单一路径限制不仅适用于实际的移动，而且同样适用于隐喻性移动。如果把结果短语看作是一个表示处所变化的隐喻，那么动结构式受到的单一路径限制的重要性则不言而喻。该隐喻是一个普遍的系统的隐喻，即把状态变化看作是向某个新处所移动。

11.1.2 句法象似

除空间隐喻外，把字句作为一个特点鲜明的构式，也可以从认知图式角度去观察，其间各个组成成分的次序、远近、多寡都是造成构式整体意义的重要因素。借助认知心理学的"顺序原则""相邻原则"和"数量原则"，可以来说明把字句个别特点之间的逻辑联系。

先看顺序原则。顺序性首先表现在作为驱动力的主语成分必须出现在整个行为的谓语形式之前；其次表现在被处置的事物也必须存在于行为发生之前。前面关于"使因性"和"自立性"的讨论已经比较充分地论述了这两个特点：把字句所表示的行为首先是针对一个选定的目标的，进而使它产生位移或状态的变化。事物先于行为而存在，反映在句法上，就是出现在表示行为的词语之前。句法的顺序反映了认识的顺序。可以说，把字句中词语的顺序特点是构式语义的基础，也是区别于其他句式的基本的一点——在汉语语法系统中，至少鲜明地区别于被字句（不必然要求施事的驱动性和责任性）和一般"主—动—宾"句（不必然要求受事的自立性和可辨性）。

再看相邻原则。把字句处置意义的来源在谓语部分："把"字有定位的作用，即确定处置的对象；对象后的动词表示处置的方式；动词后的补语表示处置的结果。受动对象夹在副动词"把"和处置动词之间，显然有加强处置作用的效果。这就是认知语言学所说的"邻近便是影响力的加强"的原理。我们前面提到吕叔湘（1944）早就指出："宾语有以把字提前之式，此即另辟蹊径以接近动词"，从这个角度看，就是动词前的受动事物具有了比动词后的更高的被影响力。

最后看数量原则。过去语法论著中经常提到把字的谓语不能是简单形式，其实，也不是所有可以加在动词前后的成分都能成为把字句成立的条件，如"*我在城里把他遇到""*我把空竹抖得/不起来"等说法都不成立。这是因为，简单形式的动词只能表达"均质"的、没有动程的意义，复杂形式才有可能表达"异质"的、具有一个过程的意义,但不是必然表达异质的意义。从语义上说,把字句要求谓语表示一个"动程",所以必然要依托于较为复杂的谓语形式。这种"简单形式对应简单意义,复杂形式对应复杂意义"的"多—寡"对立,就是"数量原则"的作用。

把字句的语用本质,基于其认知语义本质。从以上对把字句空间位移关系和句法象似性的讨论可以看出,我们前面那些章节里描写的把字句各种句法、语义特征,都是与认知语义原则相和谐的。

11.2 篇章特点

除了张旺熹(1991)讨论过的把字句与上下文目的意义的关联外,人们更多注意的是把字句对上文的依赖性。如张伯江、方梅(1996,9页)说"'把'字式常规下不作为始发句出现,往往是出现在后续小句里",举例是:

一只足球蹦过草地,滚到我脚下,我停住球,接着飞起一脚<u>把球踢走</u>。
?有一天我<u>把这只足球踢出去</u>,穿海魂衫的弟兄们急急忙忙跑起来追球。

说把字句

陈平（1987）指出，把字句中"把"的宾语有由定指成分充当的强烈倾向，发话人选用名词性成分定指形式的原因，主要是三种：第一种情况是，所指对象在上文中已经出现过，现在对它进行回指；第二种是，名词性成分的所指对象就存在于交际双方身处的实际环境中，可以靠眼神或手势作当前指示（deictic reference）加以辨识；第三种情况是，所指对象与其他人物之间存在着不可分离的从属或连带关系，我们在认识周围世界万事万物的同时，也必然会注意到事物之间的这种关系，把有关这类的知识纳入我们的常识范畴。郭圣林（2004）据此讨论了把字句篇章特点对宾语定指性的决定作用。

他对实际语料的统计表明，80%的"把"字宾语与上文有密切的联系。这种联系体现为："把"字宾语是代词或者含有代词，因而"把"字宾语本身或者其中的一部分在上文中有同指对象；"把"字宾语是名词，且在上文有同指对象；"把"字宾语是名词，在上文无同指对象，但其所指可以由上文推知。这是常说的"把"字宾语所指有定的篇章因素的解释。其次，当"把"字宾语是个通指的名词或者是个专有名词时，它的所指也往往是有定的，但是与上文的关系不太明确。这是"把"字宾语与上文的联系情况的具体数据：

	与上文联系紧密的	与上文联系不明的
小说	169/69.8%	73/30.2%
散文	209/87.8%	29/12.2%
诗歌	97/82.9%	20/17.1%
戏剧	81/83.5%	16/16.5%
总计	556/80%	138/20%

郭圣林（2004）对"与上文联系紧密"的几种不明确现象做了具体讨论。

首先是"把"字宾语所指可从上文推知的。这种"把"字宾语与上文任何一个词语没有同指关系，但是又与上文的某个词语有着明显的语义关联。或者是宾语与它前面的某个词语有部分—整体的关系，或者是"把"字宾语名词所指的事物与上文某个名词所指事物因为经常出现在一起而容易引起联想。如："福楼拜—前额""上大学—大半时间""画家—画笔—调色板""法律—法典"等。

福楼拜习惯在夜晚写作，因此一到天黑，他常常默默地走近面对塞纳河的窗口，把前额贴在窗户上，茫然望着窗外迷蒙的夜色。

司各脱在爱丁堡上完中学，便进入爱丁堡大学，学的是法律。但他把大半时间花在文学研究上。

说把字句

　　列宾一生从未停下过画笔。他去世前一个月，尽管当时身体已非常虚弱，右手颤抖得非常厉害，但他仍坚持作画，他用左手握笔，把<u>调色板</u>吊在胸前，让人扶着作画。

　　他父亲一定要塞尚学法律，把塞尚送进法律学校，但没有用，塞尚仍爱好绘画，并且和当时在巴黎体育馆的年轻的左拉结为朋友，他对法律毫无兴趣，就把<u>法典</u>改写成诗。

而以下例子是"把"字宾语不易从上文中推知的。例如：

　　不愉快的事情接踵而至，使歌德陷入苦痛的深渊而不能自拔，他也曾起了自杀的念头，就把<u>一柄剑</u>放在身旁，在极端绝望之时，想结束自己失恋的苦痛。

　　他（堂·吉诃德）脑子里充满骑士传奇的古怪念头，把<u>风车</u>作为巨人，把<u>羊群</u>当作军队，把<u>铜盆</u>当作魔法师的头盔，把<u>赶路的贵妇人</u>当作落难的公主，不分青红皂白……

这两个例子里"一柄剑""风车""羊群""铜盆"

"赶路的妇人"等在上文都找不到先行词,正说明,把字句对上文的依赖,并不一定局限于名词本身的同指性关联,上下文语义的关联也是使用把字句重要的篇章条件:第一例"把剑放在身旁"接应的是上一句的"起了自杀的念头";第二例"把风车作为巨人,把羊群当作军队……"接应的是上一句"脑子里充满骑士传奇的古怪念头"。

11.3 语体特点

11.3.1 不同语体分布差异明显

关于把字句在不同语体里的分布差异,有不少统计研究,结果大致相同。也就是说,具体数字因人而异,但总体比例的分布是差不多的。这里引述杜文霞(2005)的一项研究,做个简单观察。以下统计是把字句在不同语体的语料中出现数量和频率:

所属语体		考察文本	文本字数(万字)	把字句数量	把字句数量/万字
口头语体		《编辑部的故事》	13.3	233	17.6
书面语体	事务语体	法律法规	30	12	2.5
	科技语体	技贸实务	22.5	133	5.9
	政论语体	《邓小平文选(三)》	19.6	235	11.5

说把字句

续　表

所属语体		考察文本	文本字数（万字）	把字句数量	把字句数量/万字
书面语体	文艺语体	小说 《骆驼祥子》	14	420	30
		《围城》	21.7	412	19.4
		戏剧 《茶馆》	3.3	46	20
		《龙须沟》	3.2	65	20.3
		《春华秋实》	4.2	77	19.3
		散文 《水云》	2.2	20	10

通过统计得出的主要观察是：

1. 口语和书面语把字句数量和频率都差别明显。事务语体、科技语体里明显少于其他语体；

2. 文艺语体里远多于事务语体、科技语体和政论语体；小说、戏剧多于散文；

3. 口语与小说、戏剧相差不大；小说略多于戏剧，戏剧略多于口语；

4. 小说里主要分布在叙述句，戏剧中主要分布在对白句。

作者最后的结论是：总的看来，把字句的语用功能、句法结构、动词选择和语体之间有大致的对应关系：政论语体、事务语体、科技语体中的把字句多用双音动词，文艺语体中的把字句多用单音动词。事务语体、科技语体、政论语体中的把字句双音节动词带宾式占很大比例，而文艺语体中的把字句单音节动词述补式结构占绝对优势。口语语体、文艺语体中，把字句的主要作用是对场景中人物动作进行描绘或是对客观事实的陈述，还可以是主观愿望的表达。政论语体、事务语体、科技语体中的把字句主要作用是提出要求、陈述事实、阐述道理。事务语体着重强调强制执行程序内容的规定性特征和执行程序的有效性特点。

上一章讨论主观处置意义时已经提到，主观处置义在不同语体里有强有弱，如操作说明类的文字里主观性的程度十分微弱，现在，对照杜文霞这份全面的现代汉语主要语体的代表性考察，更可以清楚看出：汉语把字句使用多少以及结构类型的选择，根本特征还是在于主观处置意义的强和弱。

11.3.2 语体观对语法解释的细化

前面讨论过句式的处置义与处置标记的兴替关系。实际上，不看历史材料，光从现代汉语的语体差异做微观的观察，也能得到相同的结论。旧的研究得不出准确的结论，原因之一就在于粗疏。比如，陶红印（1999）指出，以往人们谈到语体，"似乎只要区别了口语和书面语就可以了"。他说，翻开现有的语法论著，人们几乎无例外地把"把"和"将"的区别归纳为：把字句应用范围广，频率高，"将"字句只用在书面语上。但陶文对《人民日报》社论语料的一项调查显示,"将"字句出现了7次,而把字句出现了145次,"将"与"把"的比例是1:20,也就是说,在报章社论这样"典型的"书面语体语料中,仍然显现出把字句是压倒"将"字句而占绝对优势的。

那么,我们关于把字句和"将"字句区别于"口语"和"书面语"的印象是从何而来的呢?还需要从理论方面寻找解决问题的线索。

沈家煊(2002)充分论证了,把字句的根本作用是用于主观表达的,并且指出:"处置式的主观性和主观化也许是汉语史上'以、取、将、把'等处置介词兴替的原因之一。""某一个处置介词的主观性减弱后,新的处置介词的产生正好能适应这种需要,这也许是历史上处置介词不断兴替的原因。"依照他的观点,简单概括出现代汉语共时系统中把字句和"将"字句的表达特征是这样的:

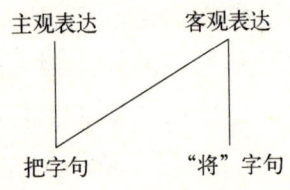

```
主观表达        客观表达
   |\           /|
   | \         / |
   |  \       /  |
   |   \     /   |
   |    \   /    |
   |     \ /     |
   |      X      |
   |     / \     |
   |    /   \    |
  把字句      "将"字句
```

有了这样的认识,就可以暂时抛开"书面语""口语"这样的概念,而着眼于另外一种语体分类角度——

11 把字句的语用特点

"主观语体"和"客观语体"的区分了。

哪些是主观表达语体呢?简单地说,有日常议论性口语,书面上的评论性语体。上述报纸的社论性文章,就是一种典型的书面上的主观语体,因为社论总是以表明鲜明的态度为目的的。哪些是客观表达语体呢?可以很容易想到,说明性语体和某些学术性语体。陶红印(1999)正是顺着这样的思路,对典型的说明性语体——菜谱,做了一个典型调查,以下是他在菜谱语料中发现的"将"字句的一些例子:

> 将排骨打切成薄片状,越薄越好。
> 将鸡肉开条切成二分见方的丁。
> 将块状青鱼用酒、味精、盐稍加伴渍。
> 将锅烧热……
> 取饭碗六只,碗底抹上少许猪油。将糖冬瓜、蜜青梅等切成条……

我们再简单考察其他说明性的语体,也可以找到大量"将"字句:

> 将影像调高到想要的高度角度,然后放开按钮使升降脚架定位。

> 要将软件安装至计算机,请参见单独的软件指南。
>
> 如果将[数据传输设置]设置为[局域网 wft-e1],计算机将不能识别相机。
>
> 将连接电缆另一端的插头连接到计算机的 USB 端口。

这项调查的结果是,"将"出现 372 次,"把"字只有 166 次,"将"与"把"的比例超过 2∶1。陶文称这种语体为"操作性语体"。所有这些,都是该种语体的通用性、指导性、说明性特点造成的。这个观察,跟沈家煊(2002)所揭示的"将"字主观意义衰落、"把"字主观意义增强的规律完全吻合,一同指向这个现象的根本解释:现代汉语里"将"字用法进一步萎缩,它的最合适的使用场合恰恰就是在主观意义几乎弱化为零、客观意义为主的菜谱、说明书一类文体中。

至此,是不是可以说:对处置式的观察而言,主观语体与客观语体的区分,比口语语体与书面语体的区分,更有价值?

11.3.3 从把字句语体特征看汉语语体特征

把字句的主观处置意义阐释,不仅落实在共时平面的句式选择,落实在历时的处置词兴替,也落实在汉语表达系统中的语体差异上。主观处置语义的揭示,对汉语语法来说,意义究竟有多大?

或许,其意义不仅限于句式、处置词和狭义的语体,它还启示我们思考:汉语的本质语体是什么?

继沈家煊(2002)之后,井茁(Jing-Schmidt,2005)在荷兰出版,这应该是两项独立的研究,使用的术语和结论表述的方式也并不相同,但研究的思路和对汉语把字句的本质看法却基本一致。井著取名为"Dramatized Discourse: The Mandarin Chinese *ba*-construction"(《戏剧化的话语:论汉语"把"字句》),顾名思义,作者把汉语把字句定性为:出现在"戏剧化"的话语中,或者说,其本身就是体现了戏剧性的一种句式。细看全书内容和结论,可以知道,作者所说的"戏剧化"或"戏剧性"(dramatization, dramaticity)概念跟沈家煊用的"主观化"(主观性),概括的是大致一样的事实。

井著对"戏剧化"的论述,主要从两个方面展开。一是认知方面的显著性(cognitive salience),一是感情和主观方面的表现性(emotive expressiveness and subjectivity)。作者强调,话语的戏剧化必须理解为上述两个方面因素的共同作用而不能简单地归咎于某个单一因素的作用。作者在比较了把字句和与之相关的非把字句(SVO, OSV, SOV 句式)的功能后提出,现代汉语把字句的核心功能是对所表达的事件加以戏剧化,而有关的非把字句则不是。换句话说，把字句具有高度戏剧化（high dramaticity）的特点，非把字句则具有低度戏剧化（low dramaticity）的特点。（陶红印，2008）

井著用认知显著性解释了宾语的有定、动态性强、说话人的移情（empathy）、多出现在叙事前景等特点，跟"主观处置说"有很多异曲同工处，而她关于把字句多用程度修饰语、多用情态词的观察也是与此一脉相承的有价值的发现。

井著真正引人兴趣的，在于其术语——戏剧化。她的"戏剧化"概念的要义之一就是"说话人要对所表达的事件有感情方面的投入和视点的交融"（井茁，2005：116-122）。张伯江（2017）评述道："戏剧化是个非常有用的重要概念，它可以帮助我们观察我们文化中戏剧化因素在语法结构上的投射。"张文受井著启发，观察戏剧化在汉语其他语法单位上的表现，提出："我们认为，汉语的戏剧化表现，不光在句式上，也在短语里；不光符合一般意义上的戏剧化特征，还有民族性特征……指称立场的表现形式，既符合井著所论人类文化中戏剧化语言的普遍特征，又精准体现了中国文化中民族戏曲的形式特点。"综合这些研究看，可以得出一个重要的全局性的看法，即：汉语的主观化无时不在，汉语的戏剧化无时不在。

11 把字句的语用特点

这个意义上的"戏剧化"就不再是狭义的语体问题了,而可以说:汉语的根本性语体特征就是戏剧化的。主观和客观在汉语里不是相分离的两个层次,戏剧化和非戏剧化也不是可以绝对区分清楚的两个层次。沈家煊(2017)在追述语言哲学思想的发展时说:"罗兰·巴特是法国指号学研究的中流砥柱,其思想经历了从结构主义向解构主义转变的全过程。他在《指号学原理》中认为,符号的意指系统并不总是能指对应所指的单层结构,而是表现出多层套叠的特征。""巴特所说的多层套叠的情形,在汉语里是一种常态。"

印欧语的形态句法系统建立在相对客观的语义视点上,所产生的形式主义孤立、静态的研究方法普遍适合于他们的语法描写。汉语没有基于客观时间系统和立场系统的形态表达系统,汉语的语义和语用视角本身就是主客观交融的,汉语的主观语体和客观语体其实也是交融的,汉语的叙事与描写也是交融的,陈述和对话也是交融的。明了这个根本特点以后,再回过头来看我们用了一本小书的篇幅所概括的关于把字句的种种争议和处处有例外的"不精准"形式概括,未必是汉语研究的缺憾,也许恰恰反映了汉语把字句最真实的句法和语义——它那寓于客观陈述中的主观处置意愿,它那寓于有定形式里的已知未知信息的自由切换,它那寓于高及

说把字句

物变化性语义中的评述态度,它那既出戏又入戏的灵活立场,它那随表达需要而作着适配性调整的语体选择,典型地反映了汉语中这个最具活力的高频句式的性格,典型地反映了汉语的性格。

结　语

把字句的研究文献可以说是汗牛充栋，现代汉语语法研究的历史有多长，把字句的研究史就有多长。这样一本小书的概述不可能覆盖所有的相关研究，但研究把字句所关注的问题，不外乎是这些方面：它的构成，它的成分之间的关系，它的句式语义，它的语用特点。我们围绕这几个问题的讨论，也可以说已经把这一句式的主要矛盾揭示出来了。所有这些问题，给人以最强烈的启示，是什么呢？

可以看出，研究史上一条清晰的脉络是，不断试图比附印欧语研究中的观念，不断因这种努力而苦恼。最初，是比附句法宾语的移位说，断言把字句的实质是宾语的提前，但事实说明"把"字后面的宾语很多无法放回到后面谓语的宾语位置上去。这个矛盾从吕叔湘（1948）开始就已充分展现了。其次是比附句法概念"有定（definite）"和"无定（indefinite）"，后来逐渐发现不完全对得上号：不仅是因为汉语没有类似于英语定冠词和不定冠词那样的标记,而且汉语相同的词汇形式(无论是光杆名词还是前加数量词的名词)竟可以表示完全相反的指称范畴。这里的麻烦,在王还(1985)里显露无遗。格语法和语义角色配价理论影响汉语后,人们试图用语义角色和动名语义关系来描写把字句的配价特征,以期揭示其中的语义结构,到了叶向阳(2004)的分析,让人们看到,一个个的标明把字句主语和宾语的语义身份,对把握把字句的句式语义,并没有实质性的帮助。叶向阳用致使意义统摄把字句的语义关系,其深层次的原因就在于,汉语的基本语法关系是"话题—说明";陶红印、张伯江(2000)用基于语用意义的可辨性(identifiability)理清有定和无定的纠葛,原因也在于,汉语名词的指称属性,根本还是语用属性。

4.3.2介绍了生成语法关于"'把'并不给其后的NP或者把字句的主语指派论旨角色,它唯一的作用是给其后的NP赋格"的说法,李艳惠(1990)认为汉语从本质上说是核心词居尾(head-final)的语言,句子基本成分的顺序应该是"主—宾—动"(SOV),也就是说,宾语在初始的D—结构里处于动词之前。这跟一般人对汉语基本语序的看法大相径庭,但也不能说没有道理。汉语把动词的支配对象放在动词前边的情况是相当

结　语

多的，比如做次话题的需要，做处置对象的需要等等。而放在动词后面的情况也不少，往往是作为目标成分，用以表明整个事件的发展方向。总的来看，都是语用动因的驱动，不同的语用动因造成不同的语序。由此可见，包括把字句在内的汉语语序问题，仅从句法着眼，是难免捉襟见肘的。

再看第5章讨论的用汉语把字句比附句法过程的做法。种种比附，都是基于一个思路：外国语言里普遍存在的句法范畴，代表着"语言共性"，于是汉语的某种语法现象不是属于这种，就是属于那种，总要去靠上一种。事实上，人类语言之所以有共性，在于共同的交际需求，语言的使用才是根本的共性（Thompson，2003）。其他语言里那些充分语法化了的句法过程，是语用规律的固化；汉语里像把字句这样的句式，也基本定型为自己的形式，也是语用表达的固化。各自的语用动因和语用目的未必相同。前面我们讨论过，汉语把字句弱化主语、突出宾语的倾向，跟逆被动式并不相同，把字句比附为逆被动式并不合适。再说"被动主动句"，即比附为"have+V$_{被动}$"句的看法，一旦遇到我们6.2讨论的"追究责任"类的句子（如"大虾把我的肚子吃坏了"），也要面对"have+V$_{被动}$"句无法读出"追究责任"语义的困难。可见，比附的思路总是看汉语的把字句像哪种外语句式，而我们看到的事实只是，外语里的有些句式，有点像汉语的一部分把字句。

近三十年来，汉语语法研究的"语言共性"意识越来越强，很多过去看来很有个性的汉语事实，得到了共性的解释，认识于是得以深化。如果用简单类比的办法看汉语把字句跟语言"共性"之间的关系，越看越不像，越看越显得把字句特殊。近几年有的学者在比附的路数上进一步努力，终于为把字句攀上了亲："从跨语言的视角，发现把字句平行于作格语言的逆动句，是语态现象。这样，不但统一解释了把字句的句法规律，同时覆盖了尽可能多的语料。更有意义的是，把字句因此也纳入了语言共性行列。这一研究模式，既是对把字句语法性质的全新认识，也是对把字句语言地位的重新定位"（叶狂、潘海华，2012）；"从被动主动句这一跨语言的现象入手反观汉语中的特殊结构把字句……不仅找到了语言普遍的一种用复合谓词表达的致使结构，还将把字句纳入被动主动句的类型分布中，使其不再成为汉语中的一种孤立的句式。"（朱佳蕾、花东帆，2018）问题是，汉语把字句究竟是不是"孤立的""特殊的"东西？符不符合语言共性？这取决于对"语言共性"的看法。

自 20 世纪 70 年代以来，国际上绝大多数从事语言

结　语

类型和语言共性研究的学者都认同一个观念：语言的交际功能，即语言的现实运用，是决定人类语言各种相同选择和差异选择的根本原因。换句话说，语言共性是语用性质的。实体信息的已知和未知，陈述里的预设和焦点，说话视角的主观和客观……都是人们组织句子时关注的重要语用因素。如本书第 5 章我们介绍过，有的语言重视"话题—说明"这种语用关系，就选择了受格句法系统；有的语言重视"新信息"的引入，就选择了作格句法系统。各种语言有各自重视的语用区别，形成了各自着重的句法区分。汉语注重"话题—说明"表达与一般陈述表达的区分，同时也非常注重主观性表达与客观性表达的区分，这两条语用区分，决定了汉语里绝大多数句子形式的选择，也铸造了把字句这样的句式。从这个意义上讲，汉语把字句不仅不该说成孤立与特殊，反而是对语言共性研究具有重要意义的。

参考文献

陈　平（1987），释汉语中与名词性成分相关的四组概念，《中国语文》第 2 期，81—92 页。

陈初生（1983），早期处置式略论，《中国语文》第 3 期，201—206 页。

丁声树等（1961），《现代汉语语法讲话》，商务印书馆。

杜文霞（2005），"把"字句在不同语体中的分布、结构、语用差异考察，《南京师大学报（社会科学版）》第 1 期，145—150 页。

郭　锐（2003），"把"字句的语义构造和论元结构，《语言学论丛》第二十八辑，152—181 页，商务印书馆。

郭圣林（2004），现代汉语若干句式的语篇考察，复旦大学博士论文。

郭继懋、王红旗（2001），黏合补语与组合补语表达差异的认知分析，《世界汉语教学》第 2 期。

胡　附、文　练（1957），《现代汉语语法探索》，新知识出版社。

蒋绍愚（1997），把字句略论——兼论功能扩展，《中国语文》第 4 期，298—304 页。

刘一之（2000），"把"字句的语用、语法限制及语义解释，

参考文献

《语法研究和探索》第十辑，163—172页。

黎锦熙（1924），《新著国语文法》，"民国丛书"版，上海书店1989年版。

李临定（1980），"被"字句，《中国语文》第6期，401—412页。

陆俭明（2017），试议句法成分长度问题，《语言教学与研究》第4期，59—66页。

吕叔湘（1942），《中国文法要略》，"汉语语法丛书"版，商务印书馆1982年版。

吕叔湘（1944），与动词后得与不有关之词序问题，《汉语语法论文集》59—68页，科学出版社1955年版。

吕叔湘（1945），个字的应用范围，兼论单位词前一字的脱落，同上，69—94页。

吕叔湘（1948），把字用法的研究，《汉语语法论文集》，125—144页。

吕叔湘（1965），被字句、把字句动词带宾语，《汉语语法论文集》（增订本），商务印书馆，1984，200—209页。

吕叔湘主编（1980），《现代汉语八百词》，商务印书馆。

吕叔湘（1987），说"胜"和"败"，《中国语文》第1期，1—5页。

吕叔湘、朱德熙（1979），《语法修辞讲话》，中国青年出版社。

马　真（1985），"把"字句补议，陆俭明、马真《现代汉语虚词散论》，200—211页，北京大学出版社。

梅　广（1978），把字句，《台湾大学文史哲学报》第12期。

梅祖麟（1990），唐宋处置式的来源，《中国语文》第3期，191—206页。

说把字句

缪小放（1991），老舍作品中的"把 NVP"，张志公主编《语文论集》（四），外语教学与研究出版社。

饶长溶（1990），《把字句·被字句》，人民教育出版社。

任　鹰（2005），《现代汉语非受事宾语句研究》，社会科学文献出版社。

杉村博文（2002），论现代汉语"把"字句"把"的宾语带量词"个"，《世界汉语教学》第1期，18—27页。

沈家煊（1999），《不对称和标记论》，江西教育出版社。

沈家煊（2001），语言的"主观性"和"主观化"，《外语教学与研究》第4期，268—275页。

沈家煊（2002），如何处置"处置式"？——论把字句的主观性，《中国语文》第5期，387—399页。

沈家煊（2009），汉语的主观性和汉语语法教学，《汉语学习》第1期，3—12页。

沈家煊（2017），超越"主谓结构"，在中国社会科学院语言研究所"语言学沙龙"第337次的报告。

沈　阳（1997），名词短语的多重移位形式及把字句的构造过程与语义解释，《中国语文》第6期，402—414页。

石定栩（1999），"把"字句和"被"字句研究，徐烈炯主编《共性与个性——汉语语言学中的争议》，北京语言文化大学出版社，111—138页。

石毓智（2000），汉语的有标记和无标记语法结构，《语法研究和探索（十）》，19—30页，商务印书馆。

石毓智（2007），论处置结构的新发展——"拿"的语法化及其功能，《对外汉语研究》第3期，1—15页。

宋玉柱（1981），关于"把"字句的两个问题，《语文研究》第2辑，39—43页。

参考文献

陶红印（1999），试论语体分类的语法学意义，《当代语言学》第3期，15—24页。

陶红印（2008），《戏剧化的言谈：论汉语把字句》述评，《当代语言学》第3期，267—272页。

陶红印、张伯江（2000），无定式把字句在近、现代汉语中的地位问题及其理论意义，《中国语文》第5期，433—446页。

王　还（1957/1984），《"把"字句和"被"字句》，上海教育出版社。

王　还（1985），"把"字句中"把"的宾语，《中国语文》第1期，48—51页。

王　惠（1997），从及物性系统看现代汉语的句式，《语言学论从》第十九辑，193—254页，商务印书馆。

王　力（1943），《中国现代语法》，《王力文集》第二卷，山东教育出版社1984年版。

王　力（1944），《中国语法理论》，《王力文集》第一卷，山东教育出版社1984年版。

吴葆棠（1987），一种有表失义倾向的"把"字句，《句型和动词》，94—116页，语文出版社。

辛东烈（2004），《现代汉语表示"心理认同"意义的"把"字句》，中国社会科学院研究生院硕士学位论文。

徐烈炯（2000），题元的用处，侯精一、施关淦主编《〈马氏文通〉与汉语语法学——〈马氏文通〉出版百年（1989—1998）纪念文集》，商务印书馆。

薛凤生（1989），"把"字句和"被"字句的结构意义——真的表示"处置"和"被动"？戴浩一、薛凤生主编《功能主义和汉语语法》，北京：北京语言学院出版社，1994，34—59页。

叶　狂、潘海华（2012），把字句的跨语言视角，《语言科学》第 6 期，604—620 页。

叶 狂、潘海华（2018），逆动式的最新研究及把字句的句法性质，《语言研究》第 1 期，1—10 页。

叶向阳（2004），"把"字句的致使性解释，《世界汉语教学》第 2 期，25—39 页。

詹开第（1983），把字句谓语中动作的方向，《中国语文》第 2 期，93—96 页。

张伯江（1991），关于动趋式带宾语的几种语序，《中国语文》第 3 期，183—191 页。

张伯江（2000），论"把"字句的句式语义，《语言研究》第 1 期，28—40 页。

张伯江（2001），被字句和把字句的对称与不对称，《中国语文》第 6 期，519—524 页。

张伯江（2006），关于"索取类双宾语"，《语言学论丛》（第三十三辑），商务印书馆，298—312 页。

张伯江（2007），语体差异和语法规律，《修辞学习》第 2 期，1—9 页。

张伯江（2013），近、现代汉语里"给 + VP"的形成，*Breaking Down the Barriers: s Interdisciplinary Studies in Chinese Linguistics and Beyond*（综古述今，钩深取极），台湾"中研院"出版，651—664 页。

张伯江（2014），汉语句式的跨语言观——"把"字句与逆被动态关系商榷，《语言科学》，第 6 期，587—600 页。

张伯江（2017），语言主观性与传统艺术主观性的同构，《中国社会科学评价》，第 3 期，89—99 页。

张伯江、方 梅（1996），《汉语功能语法研究》，江西教育出版社。

张国宪（1995），语言单位的有标记与无标记现象，《语言教学与研究》第 4 期，77—87 页。

张 敏（2010），"动后限制"的区域推移及其实质，中国语言的比较与类型学研究国际研讨会论文，香港科技大学。

张旺熹（1991），"把字结构"的语义及其语用分析，《语言教学与研究》第 3 期，88—103 页。

张旺熹（2001），"把"字句的位移图式，《语言教学与研究》第 3 期，1—10 页。

张志公（1953），《汉语语法常识》，中国青年出版社。

郑定欧（1999），《词汇语法理论与汉语句法研究》，北京语言文化大学出版社。

朱德熙（1982），《语法讲义》，商务印书馆。

朱佳蕾、花东帆（2018），被动主动句——认识把字句句法语义的新视角，《语言教学与研究》第 1 期，56—68 页。

祝敏澈（1957），《论初期处置式》，《语言学论丛》第一辑，17—33 页。

Chafe. Wallace. (1987), Cognitive Constraints on Information Flow. In R. Tomlin, ed. *Coherence and Grounding in Discourse*. 21 - 51. Amsterdam & Philadelphia: John Benjamins.

Chafe. Wallace. (1994), *Discourse, Consciousness, and Time: The flow and displacement of conscious experience in speaking and writing*. Chicago: University of Chicago Press.

Chao, R. Y.（赵元任）(1968), *A Grammar of Spoken Chinese*. Berkeley and Los Angeles: University of California Press.（中译本：《汉语口语语法》，吕叔湘译，商务印书馆，1979）

Givon, Talmy. (1983), Introduction. In Givon, ed., *Topic*

Continuity in Discourse: A quantitative cross-language study. Amsterdam & Philadelphia: John Benjamins.

Goldberg, Adele E. (1995), *Constructions: a construction grammar approach to argument structure*, The University of Chicago Press.

Dowty, David (1991), Thematic proto-roles and argument selection, *Language* 67, 547–619.

Du Bois, John W. (1985), Competing motivations. In John Haiman (ed.), *Iconicity in Syntax.* Amsterdam: Benjamins.

Du Bois, John W. (1987), The discourse basis of ergativity. *Language.* 63.4: 805–855.

Finegan, Edward (1995), Subjectivity and subjectivisation: an introduction. In D. Stein & S. Wright eds. (1995), 1–15.

Hashimoto, Anne Y. (余霭芹) (1971), Syntactic Structures in Mandarin. *Unicorn* 8: 1–149. (中译本:《现代汉语句法结构》,宁春岩、侯方译,黑龙江人民出版社,1982)

Hopper, Paul J. & Sandra A. Thompson. (1980), Transitivity in Grammar and Discourse. Language 56.2: 251–299.

Huang, C. -T. James (黄正德) (1992), Complex predicates in control, in *Control and grammar*, ed., by James Higginbotham and Richard Larson, Kluwer Academic Publishers, Dordrecht. pp. 119–147.

Huang, C. -T. James, Li, Y. -H. Audrey and Li, Yafei. (黄正德、李艳惠、李亚非) (2009), *The Syntax of Chinese.* Cambridge: Cambridge University Press. (中译本:《汉语句法学》,张和友译,世界图书出版公司,2013)

Kuno, Suzumo (1987), *Functional Syntax: Anaphora,*

Discourse and Empathy. The University of Chicago Press.

Lakoff, George and Mark Johnson (1980), *Metaphors we live by*. Chicago: The University of Chicago press.

Li, Audrey Y-H. (李艳惠) (1990), *Order and Constituency in Mandarin Chinese*. Kluwer Academic Publishers. Dordrecht.

Lyons, J. (1977), *Semantics*. 2 vols. Cambridge: Cambridge University Press.

Prince, Ellen. 1981 Toward a taxonomy of given/new information. In Cole, P., ed. Radical Pragmatics. NY: Academic Press. 223–256.

Stein, D. & S. Wright, (eds.) (1995), *Subjectivity and Subjectivisation*. Cambridge: Cambridge University Press.

Sun, Chaofen. (1996), *Word-order Change and Grammaticalization in the History of Chinese*, Standford: Standford University Press.

Thompson, Sandra A. (1973), Transitivity and some problems with the *bǎ* construction in Mandarin Chinese. *Journal of Chinese Linguistics*. 15.1. 208–221.

Thompson, Sandra A. (2003), Functional grammar. In William Frawley, ed., *Oxford International Encyclopedia of Linguistics*, 2nd edition. Oxford: Oxford University Press. 53–56.

Zhuo Jing-Schmidt (井茁) (2005), *Dramatized Discourse: The Mandarin Chinese ba-construction*. Amsterdam: John Benjamins Publishing Company.

Zou, Ke. 1993. The Syntax of the Chinese BA Construction. Linguistics, 31.4 (326): 715–736.

图书在版编目(CIP)数据

说把字句 / 张伯江著. —上海:学林出版社,
2019.10
(语言学热点问题研究丛书. 第二辑)
ISBN 978-7-5486-1556-9

Ⅰ.①说… Ⅱ.①张… Ⅲ.①汉语-句法-研究
Ⅳ.①H146.3
中国版本图书馆 CIP 数据核字(2019)第 197866 号

责任编辑 李晓梅
封面设计 严克勤

上海文化发展基金会图书出版专项基金资助

语言学热点问题研究丛书

说把字句

张伯江 著

出　　版	学林出版社
	(200001　上海福建中路 193 号)
发　　行	上海人民出版社发行中心
	(200001　上海福建中路 193 号)
印　　刷	上海展强印刷有限公司
开　　本	787×1092　1/32
印　　张	7.5
字　　数	13 万
版　　次	2019 年 10 月第 1 版
印　　次	2019 年 10 月第 1 次印刷

ISBN 978-7-5486-1556-9/H·119
定　价　35.00 元